GESTÃO DA INFORMAÇÃO E ARQUIVÍSTICA NO CONTEXTO SECRETARIAL

O selo DIALÓGICA da Editora InterSaberes faz referência às publicações que privilegiam uma linguagem na qual o autor dialoga com o leitor por meio de recursos textuais e visuais, o que torna o conteúdo muito mais dinâmico. São livros que criam um ambiente de interação com o leitor – seu universo cultural, social e de elaboração de conhecimentos –, possibilitando um real processo de interlocução para que a comunicação se efetive.

Gestão da informação e arquivística no contexto secretarial

Paulo Eduardo Sobreira Moraes
Vanderleia Stece de Oliveira

EDITORA intersaberes

Rua Clara Vendramin, 58
Mossunguê – CEP 81200-170 – Curitiba – PR – Brasil
Fone: (41) 2106-4170
www.intersaberes.com
editora@editoraintersaberes.com.br

Conselho editorial
Dr. Ivo José Both (presidente)
Dr.ª Elena Godoy
Dr. Nelson Luís Dias
Dr. Neri dos Santos
Dr. Ulf Gregor Baranow

Editora-chefe
Lindsay Azambuja

Supervisora editorial
Ariadne Nunes Wenger

Analista editorial
Ariel Martins

Preparação de originais
BELAPROSA

Capa
Charles L. da Silva

Projeto gráfico
Allyne Miara

Diagramação
Janaina Siqueira

Dados Internacionais de Catalogação na Publicação (CIP)
(Câmara Brasileira do Livro, SP, Brasil)

Moraes, Paulo Eduardo Sobreira
  Gestão da informação e arquivística no contexto secretarial/
Paulo Eduardo Sobreira Moraes, Vanderleia Stece de Oliveira.
Curitiba: InterSaberes, 2015.

  Bibliografia.
  ISBN 978-85-443-0202-6

1. Arquivologia 2. Gerenciamento da informação
3. Gestão do conhecimento 4. Recursos de informação
5. Sistema de informação gerencial I. Oliveira, Vanderleia
Stece de. II. Título.

15-03256   CDD-658.4038

Índice para catálogo sistemático:
1. Gestão da informação e arquivística:
Administração de empresas 658.4038

1ª edição, 2015.

Foi feito o depósito legal.
Informamos que é de inteira responsabilidade dos autores a emissão de conceitos.
Nenhuma parte desta publicação poderá ser reproduzida por qualquer meio
ou forma sem a prévia autorização da Editora InterSaberes.
A violação dos direitos autorais é crime estabelecido na Lei n. 9.610/1998
e punido pelo art. 184 do Código Penal.

Sumário

Dedicatória	9
Agradecimentos	11
Prefácio	13
Apresentação	15
Como aproveitar ao máximo este livro	18

Capítulo 1
Informação e seus sistemas   22
1.1 Complexidade dos sistemas   26
1.2 Níveis de informação   32
1.3 Recursos e tecnologias dos sistemas de informação   40

Capítulo 2
Informação e o processo de tomada de decisão   50
2.1 A tomada de decisão nas organizações   52
2.2 Relação entre poder e especificidade de tarefas   55
2.3 Metodologia para a tomada de decisão   63
2.4 Ferramentas da qualidade   67

Capítulo 3
O papel do profissional de secretariado no gerenciamento da informação   76
3.1 Conhecendo a estrutura organizacional   78
3.2 O ambiente externo   84
3.3 O profissional de secretariado e o desafio da integração   91
3.4 Documentos e prazos de guarda   97

Capítulo 4
Arquivística: bases e funcionamento — 106
4.1 Conceito de arquivo — 108
4.2 Arquivística — 116
4.3 Legislação e contexto histórico — 119
4.4 Finalidade e função dos arquivos — 125
4.5 Classificação dos arquivos — 126

Capítulo 5
Gestão de documentos e arquivística: responsabilidades do profissional de secretariado — 132
5.1 Gestão de documentos — 134
5.2 Tabela de temporalidade — 136
5.3 Classificação dos documentos — 144
5.4 Correspondência — 147
5.5 Protocolo — 150
5.6 Organização dos arquivos — 155
5.7 Posição do arquivo na estrutura da instituição — 157
5.8 Escolha do método de arquivamento — 161
5.9 Métodos de arquivamento — 164
5.10 Escolha das instalações e dos equipamentos — 180

Capítulo 6
Gestão eletrônica de documentos e as normas ISO de certificação — 188
6.1 Gerenciamento eletrônico de documentos (GED) — 190
6.2 Motivos para utilização do gerenciamento eletrônico de documentos (GED) — 194
6.3 Metadados — 197
6.4 Normas ISO de certificação — 201
6.5 Série ISO 30300 — 203

Estudo de caso	213
Para concluir...	215
Glossário	217
Referências	221
Anexo	233
Respostas	259
Sobre os autores	265

Dedicatória

Às minhas amadas Maura e Serena
Paulo Eduardo Sobreira Moraes

Aos amores da minha vida: meu esposo
Marcelo e minha linda filha Mariana
Vanderleia Stece de Oliveira

Agradecimentos

A Deus, "porque d'Ele e por Ele, e para Ele, são todas as coisas; glória, pois, a Ele eternamente. Amém." (Bíblia Sagrada. Carta de Paulo aos Romanos, 11: 36).

A quem lê esta obra: "assim, erros ou imprecisões serão provavelmente descobertos, para os quais o autor pede desde já indulgência e para cuja correção convida os críticos a contribuir, tanto quanto possível" (Shlomo Sand).

Paulo Eduardo Sobreira Moraes

A Deus, à minha família e ao meu querido amigo e eterno professor, Paulo Eduardo.

Vanderleia Stece de Oliveira

Prefácio

Este livro aproxima os profissionais de secretariado de duas temáticas fundamentais para aqueles que pertencem ao mundo do trabalho: a gestão da informação e as técnicas de arquivística.

A gestão da informação é um elemento importante nas organizações atuais; afinal, em todos os processos e projetos há um conjunto de informações que permitem sua efetivação. Ocorre que nem sempre estas são transformadas em conhecimento e com isso se perdem em um sem-fim de atividades e burocracia. Em outro aspecto, com o advento da tecnologia, houve a emergência da velocidade da troca de informações, que instalou na sociedade como um todo a necessidade de se desenvolverem métodos para maior controle.

Nesse cenário, torna-se estratégico dominar as ferramentas da Gestão da Informação, compreendendo seu conceito e suas principais características. No âmbito da temática proposta, os autores nos permitem uma aproximação das principais características desse tipo de gestão e, principalmente, uma visão holística dos processos que envolvem as informações no contexto organizacional.

Para isso, percorremos a estrutura das organizações refletindo especificamente sobre de que maneira essa gestão se constitui em um agente facilitador. Somos conduzidos, nas páginas que seguem, a ter um olhar atento às diversas esferas que compõem uma corporação, analisando, por meio de um diagnóstico, como a informação percorre todos os sistemas.

Juntamente com as informações, o livro nos propõe refletir sobre os documentos existentes nas empresas e sobre a importância das técnicas de arquivística. Desse modo, teremos amplo contato com os principais formatos de arquivamento, legislações vigentes e métodos. Assim, torna-se possível analisarmos de que maneira os documentos, em diferentes formatos e com finalidades diversas, disponibilizados eletronicamente ou impressos, dão corpo ao histórico das instituições.

Recomendo a obra aos leitores que tenham interesse nos assuntos abordados, mas, principalmente, aos profissionais de secretariado, que têm no rol de atividades cotidianas a necessidade do conhecimento em gestão da Informação e de precisão nos métodos de arquivamento.

Dr.ª Fernanda Landolfi Maia
Secretária executiva e socióloga
Setor de Educação Profissional e Tecnológica da
Universidade Federal do Paraná (UFPR/Sept)

Apresentação

Esta obra é destinada a todos os profissionais, em especial aos de secretariado, que têm na gestão da informação um dos desafios de suas atividades diárias. É certo que, na contemporaneidade, considerando-se a quantidade de informações oriundas das mais diversas fontes à disposição das pessoas, saber distinguir com efetividade o que de fato se caracteriza como informação para determinado contexto é, sem dúvida, uma vantagem estratégica.

Por isso, neste livro, a fim de promovermos a compreensão do conceito de informação, propomos primeiramente uma análise dos sistemas organizacionais, com vistas a entender como as corporações estão estruturadas e qual é o papel da informação em cada uma de suas áreas. Nesse contexto, buscamos demonstrar que caminhos os profissionais que trabalham direta ou indiretamente com a gestão de informações devem seguir, para que a tomada de decisão seja realizada com base em fontes seguras e efetivamente relacionadas ao objeto em questão.

Outros aspectos importantes na gestão da informação são a segurança e a preservação dos documentos. Seja na forma digital, seja na forma impressa, estes constituem um patrimônio das organizações e exigem tratamento específico.

Para auxiliar nesse sentido, nesta obra, apresentamos alguns dos principais métodos de arquivamento, explicitando as características que devem ser observadas, tanto em arquivos físicos –

como o espaço de armazenamento e a centralização da gestão do arquivo – quanto em arquivos digitais – como a importância dos metadados para a construção de sistemas eficientes de gestão da informação.

Na sequência, dedicamos atenção às normas ISO de certificação relacionadas à gestão da informação e à arquivística, como a série ISO 30300. Esta vem complementar e contribuir para a efetividade de outras séries de padronização já conhecidas e amplamente difundidas nos ambientes corporativos.

Esperamos que a leitura desta obra contribua para o aprimoramento dos profissionais de secretariado, bem como de todos aqueles que reconhecem a importância da gestão de documentos para o sucesso das organizações.

Como aproveitar ao máximo este livro

Este livro traz alguns recursos que visam enriquecer seu aprendizado, facilitar a compreensão dos conteúdos e tornar a leitura mais dinâmica. São ferramentas projetadas de acordo com a natureza dos temas que vamos examinar. Veja a seguir como esses recursos se encontram distribuídos no decorrer desta obra.

Conteúdos do capítulo

Logo na abertura do capítulo, você fica conhecendo os conteúdos que nele serão abordados.

Após o estudo deste capítulo, você será capaz de:

Você também é informado a respeito das competências que irá desenvolver e dos conhecimentos que irá adquirir com o estudo do capítulo.

Você sabia?
Nesta seção, você encontra algumas curiosidades a respeito do tema abordado.

Para tornar tudo mais claro
Nesta seção, apresentamos a explicação de conceitos relativos ao conteúdo trabalhado.

Síntese
Você dispõe, ao final do capítulo, de uma síntese que traz os principais conceitos nele abordados.

Questões para revisão
Com estas atividades, você tem a possibilidade de rever os principais conceitos analisados. Ao final do livro, os autores disponibilizam as respostas às questões, a fim de que você possa verificar como está sua aprendizagem.

19

Para saber mais

Para saber mais
Assista ao filme *12 homens e uma sentença* (1957). Na trama, um jovem porto-riquenho é acusado de assassinar o pai. No julgamento do caso, 12 homens se reúnem para deliberar sobre a sentença: culpado ou inocente. A princípio, somente um dos jurados considera o réu inocente e, então, indica a todos a tarefa de analisarem juntos uma decisão que satisfaça ao critério de decisão. Para isso, ele terá de ponderar várias possibilidades de interpretação dos fatos e lidar com a má vontade de muitos que querem ir logo para casa.

12 HOMENS e uma sentença. Direção: Sidney Lumet. EUA: United Artists, 1957. 95 min. Disponível em: <http://www.cineclick.com.br/12-homens-e-uma-sentenca>. Acesso em: 5 fev. 2015.

Recomendamos também a leitura dos seguintes artigos:
PORTO, M. A. G.; BANDEIRA, A. A. Processo decisório nas organizações. In: SIMPÓSIO DE ENGENHARIA DE PRODUÇÃO – SIMPEP, 8., 2006. Bauru. Anais... Bauru, SP: Unesp, 2006. Disponível em: <http://www.simpep.feb.unesp.br/anais/anais_13/artigos/980.pdf>. Acesso em 5 fev. 2015.

Você pode consultar as obras indicadas nesta seção para aprofundar sua aprendizagem.

Estudo de caso

Esta seção traz ao seu conhecimento situações que vão aproximar os conteúdos estudados de sua prática profissional.

Estudo de caso

A empresa Halifax – Medicamentos Oncológicos tem múltiplos processos produtivos e de gestão administrativa. Ela tanto opera na pesquisa e no desenvolvimento de medicamentos contra o câncer quanto se ocupa com a produção em escala industrial, a distribuição e a comercialização destes em estabelecimentos hospitalares e farmacêuticos.

No momento, a empresa está desenvolvendo um potente inibidor para tumores oncológicos em tecidos da cavidade orofaríngea, com base em um extrato derivado de uma espécie de xaxim. Em função dos resultados promissores que têm sido alcançados até o momento, é importante que ocorra uma divulgação prévia deles que funcione como *marketing* para a organização e para seu futuro produto, sem, contudo, revelar de qual espécie de xaxim se trata.

Uma vez revelada, a espécie poderia ser explorada de modo predatório por pessoas bem intencionadas, mas que não conhecem o processo de fabricação do extrato nem o risco envolvido na administração dele.

1 Informação e seus sistemas

Conteúdos do capítulo

» Estrutura das organizações em sistemas.
» Funcionamento do sistema de informação.
» Critérios para a gestão segura das informações.
» O papel do *software* e do *hardware* na gestão da informação.

Após o estudo deste capítulo, você será capaz de:

1. avaliar se o sistema de informação está adequadamente estruturado;
2. analisar o desempenho do sistema de informação quanto à sua segurança;
3. estabelecer critérios para a gestão segura das informações;
4. relacionar o papel do *software* e do *hardware* na gestão da informação.

As organizações têm sistemas bem especificados quanto às atividades que realizam. O sistema de gestão de pessoas, por exemplo, realiza tudo o que envolve os seus componentes, desde contratação, o acompanhamento de desempenho, a remuneração, a assistência social, o desenvolvimento de competências e habilidades até a demissão ou o desligamento (como no caso da aposentadoria). Nesse sentido, os sistemas organizacionais são estruturas criadas para se especializarem em atividades que envolvem uma função administrativa complexa e que permeiam toda a empresa.

É relevante ponderarmos que a função administrativa complexa *gestão de pessoas*, ou *recursos humanos*, pode se estruturar formalmente em setores ou departamentos especializados, mas, ao mesmo tempo, ela está dispersa por toda a empresa. Isso significa que o gestor vai planejar, controlar, dirigir e organizar – que são as quatro funções da administração – os recursos humanos à sua disposição, ou vai gerir o pessoal sob sua liderança, não importa o setor em que atue. O mesmo podemos dizer de outras funções complexas, como produção, finanças, *marketing*, qualidade e logística, entre as principais.

A vantagem competitiva e operacional que as organizações obtêm com serviços especializados é que estes respondem mais prontamente a situações recorrentes no contexto de seu funcionamento regular. Tomemos novamente o caso do sistema complexo *gestão de pessoas*, ou *recursos humanos*: ainda que selecione e contrate novos integrantes, essa ação se dá mais em função de outros sistemas também complexos, como os de produção ou *marketing*, do que de si mesmo.

É importante ressaltarmos, então, que o departamento de recursos humanos – que concentra grande parte das atividades especializadas da função complexa *recursos humanos* – seleciona e contrata novos colaboradores para a organização como um todo e, em geral, mais comumente para departamentos como o de Produção, que aglutina a maioria das atividades especializadas da função complexa *produção*. Moraes (2004) corrobora tal perspectiva.

Podemos entender a organização, assim, como um conjunto de funções complexas que, associadas entre si, permitem a sua própria existência. Porém, essas funções nem sempre se especializam em setores ou departamentos voltados para atividades específicas. Em empresas de pequeno porte, é muito comum que uma mesma pessoa ou um departamento seja responsável por mais de uma função administrativa complexa; nesses casos, normalmente, profissionais de secretariado cuidam ao mesmo tempo de finanças e recursos humanos, quando não há serviços especializados para tais atividades.

Você sabia?

Um **sistema** pode ser entendido como agregado de elementos operacionais interligados, de tal forma que se constitui em um todo organizado. Em sua raiz etimológica – a etimologia estuda a origem e a história das palavras –, *sistema* significa "combinar", "agrupar peças", "formar um conjunto".

Os sistemas se constituem também com um propósito, um fim, como realizar uma tarefa específica ou um grupo específico de atividades. Nesse sentido, a própria organização ou instituição também pode ser entendida como um sistema, pois congrega em si mesma um conjunto de outros sistemas (recursos humanos, *marketing*, produção, qualidade, finanças, logística etc.) que compõem um todo organizado com vistas a um objetivo: operar no mercado, parte do tecido social, para atender a alguma necessidade da comunidade.

O termo *organização* se refere tanto a uma instituição (empresa privada ou órgão público, por exemplo) quanto à operação administrativa de se organizar uma instituição, isto é, ordenar seu funcionamento com base na distribuição do trabalho e dos recursos necessários à execução de suas atividades.

1.1 Complexidade dos sistemas

Um sistema é mais ou menos complexo na medida em que é formado por partes, as mais variadas, que se relacionam entre si com a capacidade de criar novas competências e se desenvolver de modo funcional e organizado. Não basta crescer ou se desenvolver para se tornar um sistema complexo; eventualmente, existem aqueles sistemas de grandes dimensões, mas que são intrinsecamente simples – um dos maiores sistemas vivos é o fungo: simples do ponto de vista biológico-evolutivo, mas com dimensões gigantescas. Por outro lado, há sistemas complexos de pequenas dimensões, como os arranjos simbióticos entre fungos e algas nas regiões frias, os chamados *líquens*.

O mero crescimento pelo crescimento também não significa desenvolvimento: por exemplo, um câncer faz com que células cresçam, mas, como há desorganização e desfuncionalidade, o resultado é antes uma doença do que o desenvolvimento. Semelhantemente, árvores de crescimento rápido tendem a ser mais frágeis quanto às intempéries; com fortes ventos, seus galhos se quebram facilmente, exatamente porque o alto crescimento não foi acompanhado de suporte, como o desenvolvimento de fibras rígidas que suportam as intempéries.

Os sistemas complexos tendem a evoluir em eficiência e eficácia diante dos desafios que o ambiente lhes apresenta; até porque, se não se adaptarem e evoluírem, poderão ser extintos. De fato, para que sejam capazes de subsistir, os sistemas organizacionais transformam elementos que estão ao seu redor, por meio de processos internos, em elementos que os constituem (dados, informações ou elementos físicos) e em produtos (também dados, informações ou elementos físicos), que são introduzidos no ambiente após o processamento. Quanto mais facilmente se relacionarem com o meio, absorvendo e processando os elementos que estão próximos, mais adaptados e evoluídos serão os sistemas.

Entendendo que uma **organização** – um conjunto de pessoas com objetivos comuns (a consecução da missão e da visão organizacionais), que convivem sob regras, compartilham valores culturais e dividem trabalho entre si – é um sistema, então, podermos afirmar que ela se relaciona com o meio que a cerca. Moraes (2007) corrobora tal perspectiva. A Figura 1.1 apresenta uma ilustração da relação do sistema com o seu entorno.

Figura 1.1 – Relação de um sistema com o seu entorno

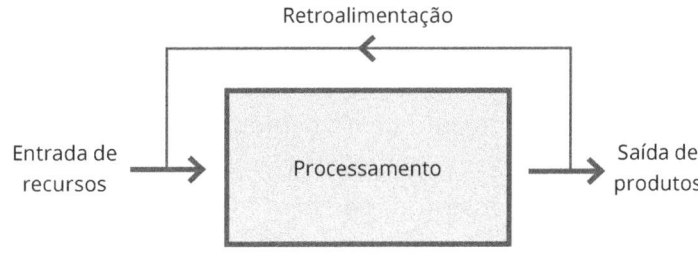

Notemos que o sistema se alimenta de **recursos** que, uma vez transformados pelo processamento, tornam-se **produtos** – e também **serviços** – que são ofertados ao ambiente externo da organização para satisfazer ou atender a alguma demanda. Da mesma forma, é recorrente que uma parcela dos recursos produzidos seja retida para a perpetuação do próprio sistema.

O processamento dos recursos é tal que a escala em que se dá pode ser muito grande ou muito pequena. Por exemplo: a Usina Hidrelétrica de Itaipu gera grandes quantidades de megawatts por hora; já outro sistema produtivo – como uma máquina caseira de panificação – produz somente uma unidade a cada ciclo produtivo completo. É necessário, então, selecionar um **referencial** que seja capaz de indicar se o processamento é rápido ou lento, de grande vulto ou pouco volumoso, eficiente ou não, econômico ou dispendioso etc.

O sistema, em função de parâmetros ou referenciais de funcionamento, também se regula pela **retroalimentação** ou **retroação**. Essa ação representa o conjunto de informações e dados de funcionamento do processo de transformação dos recursos de entrada em produtos (e/ou serviços) de saída, dos quais a organização se utiliza para determinar meios para o seu melhor funcionamento (ou equilibração).

Para tornar tudo mais claro

» **Sistema** – É o conjunto de elementos que interagem para a realização de atividades, produção de algo, prestação de algum serviço, consecução de metas ou alcance de objetivos.
» **Recursos de entrada ou insumos em um sistema** – Dizem respeito à apreensão de elementos diversos (recursos financeiros,

tecnológicos, humanos, matérias-primas, energia, metodologias de trabalho ou produção, entre outros) que entram no sistema para o próprio suporte e para serem processados.

» **Processamento no contexto do sistema** – Refere-se à transformação que converte insumos (recursos de entrada) em produtos ou serviços que são encaminhados ao ambiente externo da organização.

» **Saída de produtos ou serviços de um sistema** – Envolve a transferência de elementos processados por meio da ação ativa da organização, tendo em vista uma demanda do meio externo ou o consumo interno (visando à manutenção da própria empresa).

» **Retroação ou retroalimentação de sistema** – São dados, informações, produtos ou serviços que o sistema gera e que são remetidos à sua entrada, com o objetivo de reduzir, aumentar, controlar ou melhorar tanto o processo interno quanto a saída de produtos ou serviços.

As **informações** constituem um recurso importante para o funcionamento organizacional e compõem elementos ou recursos de entrada. O processamento ocorre com base nelas – tanto as internas quanto as externas –, e os produtos ou serviços que constituem elementos de saída certamente representam fontes de dados, com os quais a empresa se retroalimenta. As informações podem privilegiar a organização, tanto no seu funcionamento quanto no atendimento das necessidades que o ambiente interno apresenta e que ela pretende atender.

Ao entendermos as organizações (empresas públicas e privadas, governamentais e não governamentais, por exemplo) como sistemas, chegamos à percepção de que existe um **supersistema** – o todo da realidade – que reúne vários subsistemas interdependentes (como mercado, Estado, sociedade e meio ambiente), que, por sua vez, também se constituem por meio de outros sistemas menores interdependentes uns dos outros; o mercado, por exemplo, é formado pelo vasto campo no qual ocorre tanto a oferta quanto a procura por bens e serviços produzidos pelos mais diversos tipos de empresas, que também são sistemas. Berthalanffy (1975), em seu trabalho clássico na área de sistemas, corrobora tal perspectiva.

O referido autor ainda nos alerta para a perspectiva de que os sistemas podem ser **simples** ou **complexos**, à medida que os elementos que os compõem sejam menos ou mais numerosos, tenham menor ou maior especificidade, realizem menores ou maiores trocas com o ambiente no qual estão inseridos (no caso-limite de o sistema não trocar nada com o ambiente que o cerca, ele é dito *fechado*), se alterem lenta ou rapidamente diante das mudanças que o ambiente externo lhes apresenta e sejam persistentes ou fugazes, ou seja, tenham um tempo de existência diminuto.

De modo geral, para Berthalanffy (1975), um sistema é dito **simples** se as relações entre os subsistemas que o compõem são diretas e sem requisitos que dificultem o fluxo do processamento. Por sua vez, um sistema é **complexo** se a relação entre os elementos que se interconectam requer o cumprimento de um grande número de requisitos para se efetuar. Todavia, a experiência prática nos leva a crer que não há um sistema perfeitamente simples ou infinitamente complexo e que todos eles podem ser situados em um contínuo entre esses extremos.

A **informação** pode pertencer originalmente a um sistema simples ou complexo, ou a um com grande número de características, que faz parte de outro sistema (a função recursos humanos, que está estruturada em um departamento da empresa chamado *gestão de pessoas*, por exemplo, pode ser entendida como um sistema dentro de outro sistema, a organização), o qual, por sua vez, se relaciona com vários outros ou com poucos etc. Entretanto, o certo é que todos os sistemas empresariais necessitam de informações para o seu bom funcionamento, para que suas atividades ocorram de modo eficiente e eficaz.

Nas instituições cuja dimensão requer a especialização das atividades de planejamento, controle, organização e comando em relação àquelas que lidam especificamente com a informação – em função da amplitude de seus negócios, do volume de transações que executam, dos ganhos ou gastos que contabilizam, do número de funcionários etc. –, existe a possibilidade de se instaurar um sistema integrado para a informação. Esta passa a ser encarada como uma função administrativa (gestão da informação) que gerencia os processos que envolvem a informação, incluindo o reconhecimento, a obtenção e a formatação de dados, a transformação deles em informação, a análise e sistematização da informação, o arquivamento e a documentação pertinente a ela, o gerenciamento da tecnologia de suporte ao sistema de informação e a tecnologia da informação propriamente dita.

Para tornar tudo mais claro

A função administrativa **gestão da informação** é aquela que planeja, organiza, controla e toma decisões sobre o processo de desenvolvimento e criação de dados, a transformação deles em informação e a sistematização desta, o fluxo de informações na organização, a segurança da informação e o arquivamento e a manutenção da informação relevante à instituição.

Segundo Silva (2007), a gestão da informação também cuida dos recursos externos e internos à organização que dizem respeito às atividades descritas anteriormente. Guinchat e Menou (1994) corroboram tal perspectiva.

O sistema organizacional pode ser:

» **Aberto** – Relaciona-se com o ambiente externo à empresa, realizando trocas (de dados, informações etc.) com ele.

» **Fechado** – Não se relaciona com o ambiente externo à empresa; para estabelecer contato e realizar trocas com ele, necessita do suporte de outros sistemas, como o de *marketing*.

» **Conceitual** – É composto por um aparato de posições organizacionais que envolvem metodologias, planos, práticas processuais etc.

» **Físico** – É composto por um aparato de máquinas (como computadores), objetos, móveis e estruturas físicas.

De fato, os sistemas conceituais e físicos podem se complementar, isto é, um conjunto de ideias, procedimentos e métodos normalmente é apoiado por uma estrutura física que garante que as tarefas serão realizadas com maior eficiência e eficácia.

1.2 Níveis de informação

Um **sistema de informação** é um tipo de sistema organizacional que é, ao mesmo tempo, conceitual e físico; em geral, é aberto, mas, em algumas situações, atua como fechado, pois nem todas as informações devem ser trocadas com o ambiente externo, em função da necessidade estratégica de a organização manipular dados e informações de modo restrito. Por exemplo:

a lista de compradores estratégicos pode ser uma informação não facilmente disponível ao ambiente externo, uma vez que os concorrentes podem se utilizar dela em proveito próprio e em detrimento da organização.

Existem, pois, em função da segurança e da necessidade de classificação da informação na organização, **níveis de informação** com os quais é preciso ter cuidado, no sentido de abri-la e torná-la mais ou menos restrita para grupos específicos de pessoas. As informações podem ser:

» **Públicas** – São informações abertas para o ambiente externo à empresa e cujo impacto, por serem do conhecimento do público em geral, não é potencialmente maléfico à instituição e, corriqueiramente, pode ser benéfico. Incluem-se aqui as informações que a corporação se esforça para que sejam divulgadas comercial e socialmente, por meio de publicidade ou propaganda. Por exemplo: lista dos produtos ou serviços que a empresa oferece ao mercado, dias da semana em que permanece aberta para recebimento de mercadorias e atendimento a vendedores, promoções que oferece ao público consumidor, endereço, missão e visão, *e-mails* de contato etc.

» **Internas** – São informações fechadas para o ambiente externo à empresa e cujo impacto, por serem do conhecimento do público em geral, não é desejável pela instituição, ainda que, corriqueiramente, seu "vazamento" não seja maléfico. Por exemplo: a lista de futuros plantonistas de um hospital – não é uma informação pública, mas, se for conhecida pelo público, não tende a ser prejudicial para a organização.

» **Restritas** – São informações fechadas para o ambiente externo à empresa e tendem a ser internas a setores específicos dela. O impacto de seu "vazamento" para o todo da corporação pode não ser maléfico, mas não é desejável em absoluto que ocorra para o ambiente externo. Por exemplo: o rol de fornecedores estratégicos ou de consumidores inadimplentes.

» **Sigilosas** – São informações fechadas para o ambiente externo à empresa e a determinados setores dela. O impacto de seu "vazamento" para o todo da organização pode prejudicá-la. O compartilhamento dessas informações com o ambiente externo aponta para uma falha de segurança na gestão da informação. Por exemplo: a lista dos funcionários que serão demitidos no próximo mês e dos que serão promovidos durante o ano, o rol de empresas que serão descartadas como fornecedoras etc.

» **Secretas** – São informações fechadas para o todo da empresa e para o seu ambiente externo. Esse tipo de informação é compartilhado por um número extremamente restrito de componentes da organização, e seu "vazamento" certamente será maléfico para ela, causando situações que agregam prejuízo de desvantagem competitiva. O seu compartilhamento interno e externo sinaliza que o sistema de informação é inseguro e que a gestão da informação é virtualmente inexistente. Por exemplo: a informação de que a empresa encerrará seus trabalhos no próximo mês, em função de falência iminente; o projeto de um produto revolucionário que dará a ela a primeira posição no mercado; a fusão com a principal concorrente nos próximos dias etc.

Você sabia?

No Brasil, há uma aproximação muito grande entre publicidade e propaganda. Em geral, usamos as expressões *peça publicitária* ou *peça comercial* para todos os esforços com o objetivo de fazer com que uma informação organizacional seja conhecida pelo maior público possível. Contudo, especificamente, temos:

» **Publicidade** – Consiste em todo esforço organizacional para que ideias, concepções e conceitos sejam conhecidos pelo maior número possível de pessoas. Exemplo: tornar públicos os horários do sistema de transporte urbano.

» **Propaganda** – Consiste em todo esforço organizacional para que produtos, marcas e a própria empresa sejam conhecidos pelo maior número de pessoas, de modo que se possa garantir alguma vantagem competitiva. Exemplo: tornar públicos os produtos em oferta de uma rede de supermercados ou o horário em que a empresa estará aberta para atendimento especial a determinado segmento da população (na promoção do Dia Internacional da Mulher, a loja estará aberta somente para esse público, durante determinado período e em um dia específico).

O sistema de informação – sobre o qual atua a gestão da informação – se constitui em um sistema especializado que congrega, na maioria das vezes, subsistemas, rotinas, métodos e estruturas físicas para coletar, tratar, processar, armazenar, proteger, recuperar e divulgar – com ou sem restrições de segurança – dados e informações que tornem o processo decisório eficiente e eficaz no contexto organizacional.

Como um sistema aberto, o sistema de informação coleta dados e informações do ambiente externo e os organiza. Por outro lado, se atua como um sistema fechado, recolhe dados e informações do ambiente interno à empresa e também os organiza. Como sistema aberto, desenvolve dados e informações de saída que atendem a necessidades do ambiente externo e da própria corporação, bem como a retroalimenta com dados e informações que permitem ajustes em seu funcionamento.

Para tornar tudo mais claro

» **Sistema aberto** – Realiza trocas com o ambiente externo por meio da captação de elementos presentes nele, processando-os, eventualmente retendo elementos processados e introduzindo no ambiente o resultado desse processamento. A retroação ou retroalimentação é a captação de dados ou elementos de saída do processo de forma que o sistema possa se regular e se adaptar.

» **Sistema fechado** – Não realiza trocas com o ambiente externo e busca a autorregulação por meio de parâmetros internos de funcionamento.

O sistema de informação pode ser aberto ou fechado ao ambiente externo. Comumente, atua de modo a estar aberto ao ambiente e funciona de modo fechado quando trata de informações exclusivamente internas.

A Figura 1.2 ilustra um sistema de informação aberto a seu ambiente externo.

Figura 1.2 – Relação de um sistema de informação com o seu entorno

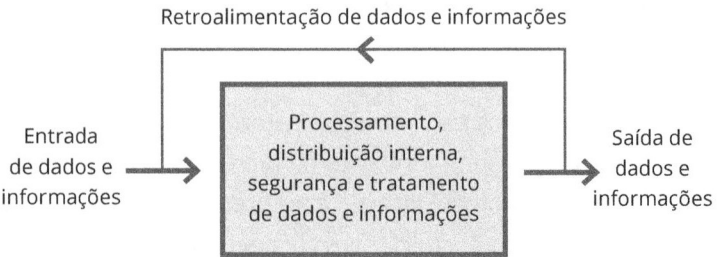

Os sistemas de informação podem utilizar **tecnologias da informação** disponíveis atualmente para um grande número de

empresas. Em geral, quanto maior for a dimensão das transações realizadas (por exemplo, empresas do comércio atacadista), a dimensão relativa da organização (por exemplo, as de grande porte) ou o número de pessoas que a compõem (por exemplo, corporações globalizadas e multinacionais), maior será o uso de tais tecnologias (redes internas e externas, supercomputadores, *firewall* próprio e *softwares* restritos, por exemplo).

Por outro lado, em geral, quanto menor for o número de transações realizadas (por exemplo, uma lanchonete que serve apenas um tipo de sanduíche e um tipo de bebida, atendendo no varejo), a dimensão relativa da organização (por exemplo, micro e pequenas empresas) ou a quantidade de pessoas que a compõem (empresas com número mínimo de componentes e, às vezes, com um único componente), menor será o uso de tais tecnologias; eventualmente não serão usados nem mesmo computadores ou serão usados *softwares* livres ou *personal computers* como ferramentas de trabalho e *softwares e firewall* não personalizados, por exemplo.

Para tornar tudo mais claro

Em um sistema de informação, assim como em outro qualquer, cada tarefa realizada é um processo, o qual pode ser entendido como o conjunto de etapas que, relacionadas entre si, levam à consecução de uma ação produtiva (ou produto) – ou dado, informação ou serviço, igualmente – em si mesma. A dimensão do processo pode ser delimitada de modo a abarcar todo o sistema ou uma ação específica que nele se insere. Assim, as atividades realizadas mediante o uso de tecnologias em sistemas de informação podem ser entendidas como processos.

Nas organizações simples, ainda é comum que o sistema de informação seja o registro em um caderno, a memória dos trabalhadores e o uso físico de meios de registro, coleta e tratamento de dados. De fato, como os recursos de tecnologia da informação ainda são relativamente caros e requerem uma formação básica para o uso de *softwares*, é comum encontrarmos tal realidade em contextos de desenvolvimento econômico incipientes ou pouco avançados. Os processos desses sistemas mais modestos tendem a ser igualmente simples.

Por outro lado, empresas mais desenvolvidas tendem a ter sistemas de informação mais bem estruturados, com processos mais elaborados. Nestes podemos reconhecer o levantamento de dados e seu tratamento até a síntese da informação, o registro e o armazenamento da informação, bem como os modos de proteção desta. Tais dados e informações podem ser provenientes tanto do ambiente interno da organização quanto do externo, na medida em que facilitem o processo de tomada de decisão.

Cabe, pois, perguntarmos: Onde se inicia o processamento da informação e onde ele termina? O levantamento de dados, interna ou externamente, começa também em um processo. É importante lembrarmos que a organização é um sistema complexo que congrega vários subsistemas e que também faz parte do supersistema social. Por exemplo: os dados de vendas (solicitação) de uma empresa surgem com o recebimento de uma solicitação de outras organizações acerca dos bens e serviços que ela coloca à disposição do mercado; quando esses dados ingressam na instituição, passam a ser **informação**, que determinará processamentos nos principais sistemas organizacionais, tais como:

» o **sistema logístico** – compra, estoques, armazenamento, entrega etc.;
» o **sistema de produção** – como e em que condições a prestação de serviços ocorrerá ou o produto será fabricado etc.;
» o **sistema financeiro** – quais são os custos e os lucros que tal informação gera, como perspectiva ou como fato etc.;
» o **sistema mercadológico ou de *marketing*** – o preço e a promoção foram eficazes ou não na solicitação de compra, a praça de entrega é a melhor, o produto ou o serviço são os desejados efetivamente pelo comprador etc.

Os dados de saída também são relevantes para a organização e se constituem em meios pelos quais o processamento se encerra ou, ainda, em informações a serem armazenadas – por recomendação legal ou não. Por exemplo: para a Empresa Brasileira de Correios e Telégrafos (ECT), apesar de uma encomenda já ter sido entregue, o processamento da informação sobre tal entrega somente terminará com o registro de baixa em seus arquivos. Outro exemplo: por força de lei, hospitais têm de guardar prontuários médicos dos pacientes que passaram por eles por até mais de duas décadas.

Vemos, pois, que cada ação intraorganizacional, cada atividade econômica e cada legislação específica a ser atendida determinam um modo de se tratar a informação – tanto a que entra na organização quanto a que dela sai e a que a retroalimenta.

1.3 Recursos e tecnologias dos sistemas de informação

A informação e o tratamento que ela recebe variam muito de instituição para instituição. Se há aquelas nas quais atualmente os sistemas de entrada, tratamento e saída de informações são automatizados por meio de tecnologias da informação, por outro lado, é certo que na maioria o sistema de informação começa por meio de práticas manuais – que inicialmente funcionam bem –, mas, à medida que aumenta o volume de dados a serem tratados, aumentam a possibilidade de falhas e a probabilidade de ineficiência.

O emprego de recursos e tecnologias dos sistemas de informação pode se requerer o uso de computadores ou SIBC (*hardwares* e *softwares*) para a efetiva operacionalização dos procedimentos relativos ao banco de dados.

Para tornar tudo mais claro

» **SIBC (sistema de informação baseado em computador)** – sigla que designa de modo genérico os sistemas de informação fundamentados em processamento computacional.
» *Hardware* – aparelhagem física que possibilita o processamento de dados por meio de computadores, inclusive os próprios computadores.
» *Software* – sistema lógico-funcional (programa) que um computador executa para processar dados e informações.
» **Banco de dados** – conjunto estruturado de dados e informações disponíveis para o processamento computacional.
» **Procedimentos** – métodos e técnicas informacionais por meio dos quais os dados são processados.

Na atividade de processamento de dados e informações, não é necessário dispor exclusivamente de um SIBC. A presença de pessoal preparado e qualificado para o tratamento da informação – inclusive a gestão documental física – é importante na medida em que há quesitos legais a serem cumpridos e dados que não são tratados somente de modo informacional, tais como a cultura organizacional e os valores corporativos tácitos. Sveiby (2003) afirma que a grande riqueza das instituições atuais consiste no patrimônio do conhecimento organizacional, informações que a rigor não são consolidadas de modo explícito na maioria delas.

O SIBC tem como função, de maneira geral, prestar três tipos de serviços básicos na organização:

1. **suporte de processos e operações** – realização de atividades operacionais de organização (registros, preenchimento de tabelas e formulários eletrônicos, integração e desenvolvimento de bancos de dados, controles e acompanhamentos operacionais, entre outros) e processos produtivos de modo geral, em que forem possíveis a automatização e o controle informacional;
2. **suporte nas tomadas de decisão** – geração de informações (dados tratados e que apresentam significado) que fundamentem uma ação que objetive privilegiar a organização, seus ativos e produtos;
3. **suporte nas estratégias macro-organizacionais** – geração de meios e recursos para que a organização como um todo seja privilegiada diante do ambiente externo no qual se insere.

Para atender a tais demandas de suporte, a organização deve buscar o uso racional de recursos e a parcimônia em relação a eles, os quais devem balizar o funcionamento e a sistematização institucional de modo que, apesar de estarem disponíveis ótimos expedientes para os vários fluxos de atividades, sejam os que oferecem a melhor relação custo-benefício.

A Figura 1.3 apresenta a relação desse binômio em três situações bastante elucidativas.

Figura 1.3 – Relação custo-benefício no uso de SIBC

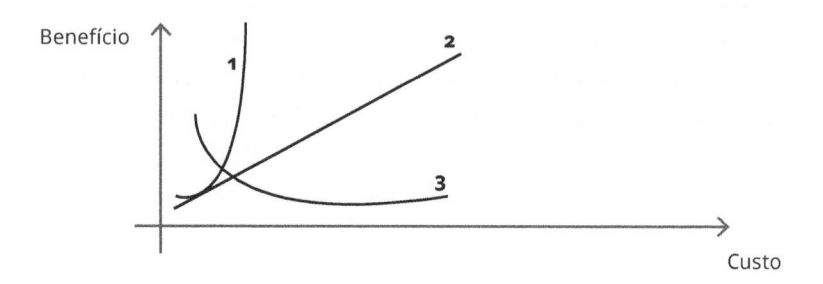

Vamos entender o que significam as situações sinalizadas na figura:

» **1** representa a situação em que os benefícios aumentam, potencializados pelos investimentos ou custos decorrentes da instituição ou mesmo da implantação dos benefícios e de sua manutenção – um investimento relativamente pequeno gera um grande benefício.
» **2** representa a situação em que os benefícios são proporcionais aos investimentos ou custos decorrentes da instituição ou mesmo da implantação dos benefícios e de sua manutenção – o benefício é compatível com o investimento realizado.
» **3** representa a situação em que os benefícios decaem ou se despotencializam diante dos investimentos de implantação e em que os custos decorrentes da manutenção não justificam a perpetuação da atividade da qual advém o benefício – este é pequeno em relação ao investimento e, com o tempo, decai mesmo com a manutenção do investimento ou com o aporte de mais investimento.

Eis o porquê de as organizações precisarem ponderar com cuidado o tipo de SIBC que desejam implantar, em função dos potenciais benefícios que advirão na comparação com os custos de sua instalação e manutenção. Nem sempre é vantajoso investir em um sistema próprio de informação, se há empresas especializadas que podem oferecê-lo a preços competitivos para a organização. Por exemplo, empresas de gerenciamento de documentos em arquivo inativo podem ser uma opção mais viável do que a montagem e a manutenção de estruturas próprias para o armazenamento de documentos sem uso potencial.

Outro exemplo é a locação de *hardwares*, quando é elevado o valor imobilizado diante da depreciação dos aparelhos e da necessidade de sua atualização. Com isso, vale a pena alugar microcomputadores e *mainframes* (computadores de grande porte, em geral utilizados para o processamento de grandes volumes de informações e dados), quando a aquisição e a manutenção deles, bem como a atualização tecnológica envolvida, tornam necessário um significativo aporte de investimentos.

O SIBC é utilizado comumente para a realização de tarefas como:

a) **Apoio a operações**:
- no processamento de transações, melhorando o desempenho de atividades rotineiras;
- no controle dos processos, reconhecendo os desvios do plano operacional e realizando as correções necessárias;
- na colaboração e na comunicação interna entre os componentes da organização, permitindo maior acesso e difusão de informações e dados;
- na colaboração e na comunicação externa, permitindo maior acesso e difusão de informações e dados entre as organizações parceiras, bem como o acesso daquelas interessadas nos serviços ou produtos da instituição em foco ou mesmo de compradores isolados.

b) **Apoio gerencial:**
   - no processamento de informações e sua sistematização para a elaboração de relatórios, demonstrativos, prestação de contas etc.;
   - no fornecimento de dados e informações para acompanhamento do desempenho organizacional em áreas de gestão, como produção, finanças, qualidade, logística e informação;
   - na sistematização de informações críticas em quadros, gráficos, tabelas, matrizes e similares que facilitem a visualização e a compreensão de dados e informações o mais fácil possível.

c) **Refinamento da informação:**
   - cruzamento de bancos de dados, buscando a correlação de fatos e dados que possam gerar informações cada vez mais precisas e relevantes.

A ação de refinar informações é um desafio bastante grande, na medida em que há um grande número de dados e informações com os quais se precisa trabalhar. Muita informação pode ser um problema para se tomarem decisões ou para se realizar uma tarefa, em especial se a qualidade da informação for baixa e se houver um grande número de curiosidades sobre o assunto.

Atribui-se a Wilbur Schramm a seguinte ideia: "a habilidade de mandar, dirigir e selecionar informação pode chegar a ser uma fonte de poder comparável aos grandes recursos naturais, tecnológicos e econômicos", uma posição corroborada por Melo (2007), Murdock (2003) e Schramm (1997). Deveras, a identificação das informações úteis consiste na primeira etapa para se conhecerem as opções de condução do negócio e de tomada de decisão.

Assim, não basta dispor de informações e dados; é necessário que estes sejam úteis e utilizáveis. Devem ser **úteis** no sentido de trazerem ferramentas e bases seguras para a tomada de decisão no processo de gestão, assim como para a condução da empresa, e **utilizáveis** no sentido de serem compatíveis com os métodos e as técnicas assumidos dentro do SIBC e com as bases operacionais da empresa como um todo.

Trabalhar com informação requer que ela seja confiável, segura, rastreável, auditável, verdadeira e em número suficientemente organizado e operacional, para que o sistema de informação e sua gestão sejam eficazes. Nesse sentido, o refinamento busca transformar a base de dados disponível, depois de processada, em informações úteis. A Figura 1.4 nos apresenta um esquema para a gestão de dados e informações com refinamento.

Figura 1.4 – Esquema de gestão de dados e informações com refinamento

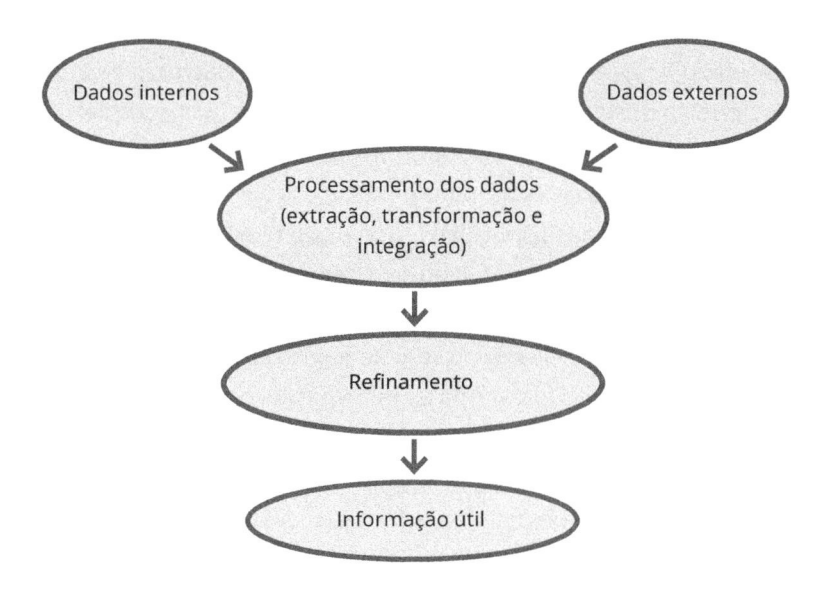

```
   Dados internos              Dados externos
         \                    /
          v                  v
      Processamento dos dados
      (extração, transformação e
              integração)
                 |
                 v
            Refinamento
                 |
                 v
          Informação útil
```

A informação útil resulta do processamento de dados e do refino, de tal modo que passa a ser mais importante para a empresa. Eventualmente, o refinamento se dá no SIBC, assim como por meio de profissionais de assessoria especializada ou de suporte secretarial. Em qualquer dos casos, é relevante percebermos que nem toda informação é útil e que isso pode dificultar o processo de gestão da organização, o qual deve basear-se em fatos e comprovações.

Síntese

As organizações funcionam por meio da lógica de sistemas (conjunto de processos que, interligados, produzem algum efeito desejado), mas estes são delimitados em função do foco de análise que se deseja aplicar. Microssistemas, sistemas complexos e supersistemas podem ser demarcados conforme a necessidade de avaliação e entendimento. As funções administrativas lidam com sistemas específicos, que podem estar circunscritos a departamentos específicos ou se estender por toda a empresa.

O funcionamento dos sistemas, de modo geral, ocorre pela entrada, pelo processamento e pela saída de recursos os mais variados possíveis. No sistema de informação, os principais recursos de entrada e saída são os dados e as informações. Sistemas de informação podem se valer ainda de meios físicos e métodos para a gestão de dados e informações úteis à organização. Eventualmente, um SIBC (sistema de informação fundamentado em processamento computacional) requer uma variedade ampla e específica de meios para o seu funcionamento ideal.

A informação é um recurso importante em termos econômicos para as organizações, e sua segurança é igualmente relevante. Ela pode ser classificada como pública, interna, restrita, sigilosa (ou confidencial) e secreta (ou privativa). A classificação e o acesso à informação são delineados por critérios previamente implementados no sistema de informação.

A função do SIBC consiste em dar suporte a processos e operações, à tomada de decisão e às estratégias macro-organizacionais. Porém, como essa estrutura demanda recursos dos mais diferentes tipos (financeiros, humanos, metodológicos, tecnológicos etc.), é preciso estabelecermos uma relação entre os custos de implantação e suporte do SIBC e os benefícios que ele traz – ou trará – para a organização. Isso ocorre em especial porque são esperados do SIBC apoio operacional e gerencial, bem como o refinamento dos dados e informações, com os quais a empresa precisa trabalhar para garantir a eficiência e a eficácia de suas atividades.

Questões para revisão

1. Como implementar um sistema de aquisição, controle e registro de dados e informações? Que requisito esse sistema deve preencher?

2. Reflita sobre os níveis de segurança da informação em uma instituição. Elabore um texto de aproximadamente uma página discorrendo sobre cada nível e apresente exemplos pertinentes a cada um deles.

3. Para qual fim são criados os sistemas organizacionais? Assinale a resposta correta:

a) Para se responsabilizar por funções complexas referentes às pessoas.
b) Para organizar as atividades diárias.
c) Para limpar os escritórios.
d) Para organizar os papéis referentes somente ao Departamento de Recursos Humanos.

4. Para Berthalanffy (1975), o sistema é dito *simples* quando:
a) não existem outros subsistemas.
b) os subsistemas se relacionam sem maiores complicações.
c) existem apenas dois subsistemas.
d) não existem nem mesmo sistemas.

5. Um sistema organizacional pode receber várias denominações ou classificações, **exceto** a de:
a) complementar.
b) aberto.
c) fechado.
d) conceitual.

Para saber mais

Assista ao documentário *Hackers: criminosos e anjos*, de 2005. Nele vemos que, enquanto as ciências da computação buscam se expandir sobre o cotidiano da sociedade, essa mesma sociedade se vê como vítima do terrorismo cibernético e de outros crimes que se apoiam em sistemas informacionais fundamentados na computação. O documentário aborda ainda outras nuances da presente situação dos sistemas integrados de informação.

HACKERS: criminosos e anjos. Direção: Mike Smith. EUA: Discovery Channel, 2005. 50 min.

Recomendamos também a leitura do seguinte artigo:

MORESI, E. A. D. Delineando o valor do sistema de informação de uma organização. **Ciência da Informação**, Brasília, UnB, v. 29, n. 1, jan./abr. 2000. Disponível em: <http://www.scielo.br/pdf/ci/v29n1/v29n1a2.pdf>. Acesso em: 5 fev. 2015.

Após assistir ao documentário e ler o texto, discuta com seus colegas a respeito da importância do sistema de informação para uma organização.

2 Informação e o processo de tomada de decisão

Conteúdos do capítulo

» Funcionamento do processo de tomada de decisão.
» Dados e informações.
» Eficiência e eficácia.
» Ferramentas aplicadas à tomada de decisão.

Após o estudo deste capítulo, você será capaz de:

1. implementar corretamente os instrumentos e as etapas para a tomada de decisão;
2. diferenciar e classificar dados e informações;
3. reconhecer situações em que podem ser utilizadas ferramentas para a tomada de decisão com o uso de informações.

2.1 A tomada de decisão nas organizações

Tomar decisões é algo extremamente importante para as organizações. Decisões geram consequências, as quais podem ser adequadas ou inadequadas – estas últimas sempre indesejadas. A decisão adequada representa a possibilidade de aumento dos lucros, conquista e manutenção de clientes, redução de custos e de desperdício e contratação e retenção de talentos, entre outras vantagens. Por outro lado, a inadequada significa sempre perda de espaço no mercado, de confiança em seus produtos e serviços e do potencial econômico como empreendimento, entre outros aspectos negativos.

A decisão adequada é também aquela que reduz o grau de incerteza: quanto ao futuro, à forma como as coisas devem ser feitas, ou seja, qual é o melhor padrão operacional para cada processo organizacional; como agir em determinada situação ou em que ordem as ações devem ser realizadas; qual é o melhor momento e local para a realização das tarefas etc. Por outro lado, as decisões tomadas incorretamente ou sem a certeza dos fatos e sem conhecimento das variáveis de uma situação – que dizem respeito a uma situação como causa ou consequência – aumentam riscos, provocam confusão na execução das tarefas, expõem a organização a ameaças desnecessárias e/ou desnuda suas fragilidades perante os concorrentes e o mercado como um todo.

> **Você sabia?**
>
> A tomada de decisão é algo extremamente frequente em nossa vida cotidiana. Ao acordar, por exemplo, você tem de decidir se vai se levantar da cama ou não. Como essa decisão é recorrente a cada manhã, talvez você não pense muito sobre ela e aja de modo automático. Entretanto, há decisões que requerem muito da sua atenção, como comprar uma casa ou aceitar alguém em casamento. Em geral, as decisões simples são aquelas que têm resultados pontualmente pouco relevantes, e as difíceis são as que trazem consequências importantes com as quais devemos lidar. Quanto mais certo você está a respeito dos resultados de uma decisão, em geral, mais fácil é tomá-la; quanto mais incerto está, mais difícil é decidir. As organizações também lidam com decisões simples de serem tomadas, como abrir ou não suas portas a cada manhã, e outras que podem ser complexas, como conceder ou não férias coletivas aos funcionários.

O **processo decisório** é, portanto, uma das principais ações no contexto das organizações. Todos os seus componentes decidem em algum momento, mas cada um conforme o nível de **responsabilidade e a especificidade de suas tarefas** – a especificidade, nesse caso, diz respeito à particularidade da contribuição à empresa.

Hierarquicamente falando, podemos entender a organização como uma **pirâmide**: a base é ocupada pelos funcionários que executam as tarefas de produção em si e que têm a especificidade das atividades bem delimitada; o topo é composto pelos altos gestore que respondem pela condução estratégica da empresa;

o nível intermediário é formado pelos gestores que transformam as decisões estratégicas em operações táticas, coordenando esforços de modo que as metas sejam conquistadas, assim como os objetivos próprios de cada departamento, setor ou serviço.

A Figura 2.1 ilustra a divisão hierárquica em níveis dentro das organizações. Notemos que a pirâmide está achatada e com a base bastante ampliada. Isso se dá pela tendência atual de redução do número de gestores táticos ou de coordenação, resultado do movimento das empresas em conduzir os empregados ao autogerenciamento e em horizontalizar as relações funcionais.

Figura 2.1 – Pirâmide de relações hierárquicas nas organizações

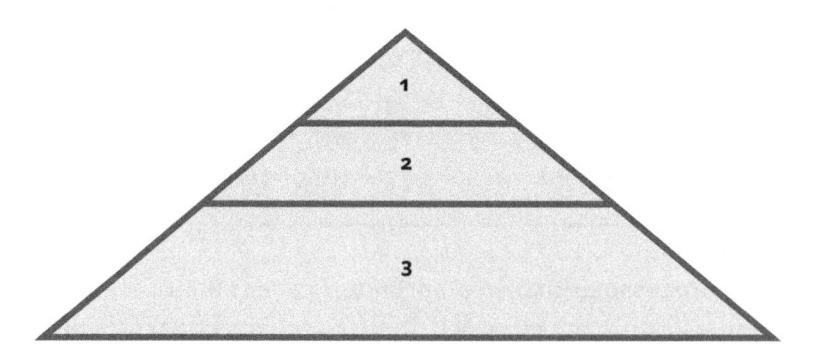

Agora, vamos entender o que significam os números inseridos na figura:

» **1** corresponde ao mais alto nível de gestão, conhecido como *estratégico* ou *executivo*.
» **2** corresponde ao nível intermediário de gestão, conhecido como *tático* ou de *coordenação*.
» **3** corresponde ao nível funcional de gestão e desempenho de tarefas, conhecido como *básico* ou *operacional*.

Independentemente do cargo ou do nível hierárquico que ocupem em uma organização, todas as pessoas que dela fazem parte são responsáveis pelas tarefas que executam e, de algum modo, tomam decisões. O desejado é que, sem se considerar o nível hierárquico da amplitude da decisão – se é válida para a empresa toda e atinge a todos os colaboradores ou se é restrita a uma tarefa e válida somente para poucos envolvidos –, ela deve ser acertada e trazer os melhores resultados possíveis.

Você sabia?

O profissional de secretariado pode atuar em todos os níveis hierárquicos e nas mais diversas funções. Todavia, como historicamente a alta gestão se valeu desse profissional para aumentar sua capacidade gestora, no Brasil, é usual falar em **secretariado executivo**. Comumente, o profissional é consultado antes da tomada de decisão e, em geral, é convidado a apresentar alternativas de solução para problemas simples ou complexos da empresa.

2.2 Relação entre poder e especificidade de tarefas

Algumas tarefas são muito específicas e determinadas por um conjunto de recomendações de como devem ser executadas (por meio de uma ordem de serviço ou instrução de tarefa, por exemplo); há também outras tarefas muito amplas para serem pontualmente descritas e definidas (como dirigir o setor financeiro de uma empresa). Assim, quanto maior for a especificidade da tarefa, menor será o poder organizacional que se detém; inversamente, quanto maior for o poder, menos específica será a tarefa ou o conjunto de tarefas que se precisa realizar. A especificidade das tarefas está relacionada à característica de uma atividade ser bem definida e delimitada. As tarefas de um alto gestor são bem indefinidas e pouco delimitadas; ele pode e deve estar atento a todo o funcionamento organizacional. Um gestor tático tem tarefas pouco definidas, mas bem delimitadas. Quanto à sua amplitude de ação, a atenção deve se voltar para o funcionamento do setor ou departamento sob sua responsabilidade. Um gestor operacional ou um colaborador organizacional operacional, por sua vez, tem atividades bem definidas e bem delimitadas para a realização de uma tarefa ou um conjunto pequeno de ações. A Figura 2.2 ilustra tal relação.

Figura 2.2 – Relação entre poder e especificidade de tarefas quanto ao nível hierárquico de comando

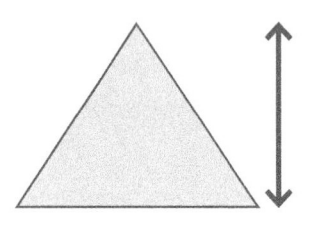

Maior poder de decisão, menor especificidade

Maior especificidade, menor poder de decisão

Quanto mais alto for o cargo ou a posição de gestão que um componente da organização ocupa, isto é, quanto maior for a amplitude de tomada de decisão inerente ao cargo, maior será o impacto de tal decisão sobre a empresa. Decisões tomadas por empregados que atuam no nível operacional também podem trazer grande impacto; por exemplo, negligenciar a manutenção de uma máquina pode provocar danos desastrosos à produção e ao faturamento da empresa. Todavia, essa situação é incomum na maior parte das corporações.

Assim, as decisões são primordiais para que a organização atinja o objetivo fundamental: o sucesso. Moraes (2007) assinala que tal finalidade se relaciona à possibilidade de obtenção de lucro, crescimento, sobrevida e um *status* positivo em determinado momento ou período de tempo, sendo a sequência de decisões acertadas e as ações corretas delas derivadas que levam a organização ao sucesso. É natural que surja então uma questão: **Como tomar decisões corretas?**

A base para a tomada de decisões é o **uso de informações**. Porém, tais informações devem ter algumas características:

» **Utilidade** – As informações devem estar relacionadas direta ou indiretamente à decisão que se almeja tomar. Por exemplo: se desejamos chegar a uma cidade, é útil sabermos o caminho a seguir e pouco útil descobrir o número de casas que existem nela.

» **Veracidade** – As informações importantes para a tomada de decisão são verdadeiras quanto a seu conteúdo. Aliás, uma informação inverídica é uma desinformação – situação em que ela não corresponde mais à verdade ou quando se ignora a informação correta, mas se estima qual seja –, uma contrainformação – algo que intencionalmente é usado para que outrem tome a decisão errada – ou uma mentira. Por exemplo: quanto à cidade à qual desejamos chegar, podemos não saber a que distância ela se localiza; um taxista maldoso pode estimar uma distância maior do que a real para cobrar mais pelo percurso do trajeto com o taxímetro desligado; ou, ainda, o mesmo taxista pode mentir para conseguir uma corrida sem saber exatamente onde a cidade fica; ou, por fim, o taxista, com dolo (intenção de prejudicar por alguma razão), diz ao cliente que não pode levá-lo.

» **Confiabilidade** – As informações devem ser tais que se possa confiar nelas quanto ao conteúdo de verdade e à sua origem, isto é, não basta ser uma informação verdadeira, é importante saber se ela procede (se confere com seu sentido original ou, uma vez alterada, com o que dela se quis realçar). A informação é mais confiável quanto mais significativa for para a tomada de decisão, ou seja, ser verdadeira e procedente.

» **Validade** – Algumas informações podem ser muito úteis e verdadeiras, mas circunstâncias legais impedem o seu uso. Por exemplo: a legislação brasileira não permite que um acusado produza provas contra si mesmo; ainda que ele o faça no sentido de auxiliar o juiz a decidir, tais provas não são consideradas válidas.

Você sabia?

Quando é baseada em informações, a decisão tem consequências mais previsíveis. Se sabemos exatamente as implicações de uma decisão, é mais fácil tomá-la ou nos prepararmos para lidar com seus efeitos indesejados. Isso é muito útil na organização, pois cresce a possibilidade de se planejarem as ações e de aumentar a previsibilidade dos resultados.

Para Laureano e Moraes (2005), as informações devem ainda ter as seguintes características, para que possam servir bem ao processo de tomada de decisão:

» **Confidencialidade** – A informação somente pode ser acessada por pessoas expressamente autorizadas e que, portanto, não a deturpem.

» **Disponibilidade** – A informação deve estar disponível no momento em que for preciso; afinal, não há sentido prático em tê-la e não se poder valer dela quando necessário.

» **Integridade** – A informação deve ser acessível em sua forma original e não deve ser modificada sem a anuência da pessoa que tomará a decisão.

» **Auditável** – A informação deve ser tal que seja possível verificar sua autenticidade e os caminhos que percorreu até chegar à pessoa que tomará a decisão, baseando-se nela e confrontada com outras informações para que seja comprovada sua veracidade.

Segundo esses autores, a integridade não pode ser confundida com **confiabilidade** do conteúdo da informação, ou seja, o seu significado para tomada de decisão. Uma informação pode ser imprecisa, mas deve permanecer íntegra – ou seja, não sofrer alterações por pessoas não autorizadas –, pois o grau de imprecisão certamente afeta o seu uso.

Por outro lado, Babeler, Heinrich e Koch (1998) dão a entender que, para a tomada de decisão, a informação emerge de fatos e dados e requer que se possa ter acesso a ela. Neste ponto, chegamos a uma encruzilhada: **O que é um dado?** Qual é diferença entre dado e informação? **Um dado é uma parte da realidade e pode ser concreto ou abstrato, fazendo referência a uma lógica quantitativa ou qualitativa; mas um dado somente passa a ser categorizado como informação quando tem significado para a pessoa que tomará a decisão.** Cassaro (2003) e Le Coadic (2004) corroboram essa definição.

Por exemplo: seja o caso de termos necessidade de comprar um carro e um parâmetro para a nossa decisão estar relacionado ao desempenho dele (quilômetros rodados por litro). Assim, o dado somente fará sentido se vier completo: 20 km/L. Esse é um dado quantitativo que faz sentido para nós, que vamos tomar a decisão. Em relação a esse critério, o fato de o veículo ser verde não faz sentido, isto é, não é relevante, ainda que seja parte da realidade concreta que se percebe nele. Em outros termos, a cor não perfaz uma informação quanto ao parâmetro *quilometragem por litro*. No entanto, se o critério para decidirmos sobre a compra for a cor, o fato de o carro ser verde passará a ser uma informação importante. A quilometragem por litro continua a ser um dado, uma parte do real e um fato, mas deixa de ser relevante para a tomada da nossa decisão.

Você sabia?

Os parâmetros para a tomada de decisão também são chamados de *critérios de decisão* e podem ser **objetivos (quantitativos)** ou **subjetivos (qualitativos)**. Eles são estabelecidos, em geral, pela alta gestão, e o profissional de secretariado pode auxiliar na sua elaboração.

Por outro lado, existem dados que geram percepções da realidade que são muito pessoais, subjetivas, isto é, dizem respeito ao sentimento e à opinião pessoal sobre algum assunto ou situação. Para isso, conforme apontam Moraes (2007) e Franco (2001), vários aspectos podem influir, como a história pessoal de vida, o contexto sociocultural em que o sujeito teve sua formação e cujos valores compartilha, a situação em que vive, as condições fisiológicas e o seu inconsciente.

A base para que um dado seja encarado como informação também pode ser sua **relevância** e seu **propósito**. Desse modo, a informação é importante na relação direta da resolução de problemas que propicia ou do valor que tem para a tomada de decisão. É isso que confere importância ao dado, o qual, percebido como significativo, passa a ser uma informação constituída de essencialidade para a decisão.

Assim, **um dado se torna informação quando recebe tratamento e interpretação para gerar impacto a quem dela se utiliza.**

Para tornar tudo mais claro

» **Dado** – É uma observação sobre a realidade, uma constatação sobre o estado do mundo, daquilo que nos rodeia como sujeitos, uma percepção simples de como as coisas são.
» **Informação** – É um dado significativo para determinado observador, que tem relevância para quem entra em contato com ele; é uma observação ou percepção da realidade que tem sentido ou nexo para certo sujeito.

O Quadro 2.1 apresenta a relação entre dados e informações, bem como as características dessa relação.

Quadro 2.1 – Relação entre dados e informações e características dessa relação

Dados	Quantitativo	Expresso em números, acompanhados ou não de unidades (físicas, químicas, graus etc.). Tais unidades revelam quantidade em uma escala definida.
	Qualitativo	Expresso em percepções ou relações de entendimento sobre algo; geralmente não se usam unidades para classificar sua intensidade.

(continua)

(Quadro 2.1 – conclusão)

Informações	Objetiva		Expressa uma situação ou fato que existe independentemente do observador.
	Subjetiva		Expressa uma opinião de alguém ou de um grupo de pessoas sobre algum fato ou situação; é a percepção do observador sobre a realidade.
Características	Dado *versus* informação		A informação depende dos dados para se constituir, caso contrário, é um achismo.
	Informação *versus* dado		O dado não é importante, se não for a ele atribuído um significado relevante para a tomada de decisão.

É interessante observarmos que é muito comum o "achismo" em organizações que não valorizam fatos e dados; estes, quando são avaliados e adquirem significado, tornam-se informações relevantes para a tomada de decisão. Semelhantemente, o "achismo" pode se tornar provável se a opinião de alguém sobre um fato ou situação for derivada de uma experiência consolidada e de fontes importantes. Portanto, não há razão para se privilegiarem informações objetivas ou subjetivas, umas em detrimento das outras; antes, elas podem reforçar a tomada de decisão, pois se complementam.

Você sabia?

Feeling é o termo em inglês para uma percepção particular sobre determinado fato ou situação que, embora não seja necessariamente baseada em dados ou informações de qualquer tipo, pode auxiliar na tomada de decisão. Não se trata de "achismo", mas de uma forte intuição ou sentimento que influencia no momento de decidir. Às vezes, o *feeling* decorre da experiência em determinada área de trabalho ou da vivência em uma atividade específica.

Assim, a **informação objetiva** e a percepção sobre a realidade dos fatos e de como eles se relacionam entre si (**informação subjetiva**) permitem ao tomador de decisão optar por um caminho, por uma estratégia, ou deliberar acerca de algo com maior confiabilidade sobre o resultado que decorre daí.

2.3 Metodologia para a tomada de decisão

Sêneca (Lucius Annaeus Seneca, nascido na atual Espanha em 4 a.C. e falecido na atual Itália em 65 d.C.), um dos mais célebres advogados, escritores e intelectuais do antigo Império Romano, disse: "Nenhum vento sopra a favor de quem não sabe para onde ir". Essa afirmação nos remete à ponderação de que informações e dados não têm nenhuma importância se não estiverem relacionados a um caso concreto que requeira a tomada de decisão. Do mesmo modo, quando reconhecemos que um cenário é problemático, mas não temos ideia da causa que lhe dá origem, dados e informações sobre uma situação desconhecida ou que não esteja relacionada com o que está em jogo não são úteis na nossa tomada de decisão.

Para tornar tudo mais claro

Situação-problema, ou simplesmente **problema**, é toda condição organizacional – de um departamento ou da instituição como um todo – que requer um posicionamento ou uma tomada de decisão para que se torne algo simples e sob controle dos gestores. Pode ser também uma oportunidade (por exemplo, o aumento da demanda pelos produtos ou serviços que a empresa oferece ao mercado) ou uma ameaça (como a chegada de produtos ou serviços concorrentes aos que ela oferece). A situação-problema, ou problema, pode advir igualmente de uma condição interna que representa um potencial positivo (por exemplo, o desenvolvimento de uma tecnologia que reduz os custos de produção ou da produção de serviços) ou uma dificuldade a ser superada (por exemplo, a quebra de uma máquina que compromete a produção ou a falta de algum insumo que impede a prestação do serviço com a qualidade desejada).

As informações são fundamentais para a organização, mas somente aquelas que podem ser capitalizadas e que, de algum modo, ocasionem lucro ou vantagens para a organização como um todo ou para um setor em particular. Podemos dizer o mesmo em relação ao tomador de decisão: informações são importantes se tornam a ação mais fácil, eficiente e eficaz.

Você sabia?

Dados e informações esparsos, que não se relacionam entre si nem com um caso real que exige a tomada de decisão, normalmente são chamados de *curiosidades*. Assim, informações e dados são relevantes se podem ser úteis. Se existirem em excesso e não estiverem relacionados ao caso em questão, podem dificultar a decisão.

O primeiro passo para resolvermos um problema – para tomarmos uma decisão assertiva e acertada, isto é, segura e com clareza do alvo que pretendemos alcançar – consiste em determinarmos exatamente qual é o problema. Aparentemente simples, isso não é algo que possamos menosprezar. Imaginemos um diagnóstico médico equivocado sobre um problema respiratório: um câncer de pulmão tratado erroneamente como uma tuberculose é extremamente prejudicial ao paciente. Isso porque ninguém se cura de um problema sendo tratado com medicamentos destinados a resolver outro.

Semelhantemente, nas organizações, há um problema grave se os gestores não reconhecem efetivamente a situação a ser sanada ou a oportunidade a ser aproveitada e que requer a tomada de decisão. Identificar o desempenho do pessoal como razão para a diminuição das vendas pode ser um risco desnecessário e pode ser prejudicial à empresa, se a questão está no alto preço do produto relativamente ao mercado ou mesmo na falta de qualidade intrínseca do produto.

Outro exemplo vem da velha parábola sobre uma empresa que enviou dois vendedores de sapatos para uma região onde a maioria dos habitantes não os utilizava cotidianamente. O primeiro vendedor escreveu um telegrama – atualmente, teria enviado um *e-mail* – dizendo: "Reduzam a produção, aqui ninguém usa sapato". Por outro lado, o segundo, cheio de entusiasmo, enviou a seguinte mensagem: "Multipliquem a produção, ninguém aqui **ainda** usa sapato". Sim, enquanto um vendedor viu uma restrição, o outro identificou uma oportunidade. A parábola não nos fala sobre a decisão que a empresa tomou, mas diz muito a respeito de como podemos formular um problema de modo positivo ou negativo e de como isso influenciará na resposta.

Com isso, formular claramente a situação sobre a qual tomaremos uma decisão se torna a base fundamental para termos eficiência e eficácia na elucidação do caso. No Quadro 2.2, vemos a diferença entre eficiência e eficácia na tomada de decisão.

Quadro 2.2 - Diferença entre eficiência e eficácia na tomada de decisão

	Eficiência	Eficácia
Tomada de decisão	Relação entre os resultados alcançados e os recursos empregados para a decisão. Quanto mais funcional for a decisão tomada, maior será sua eficiência.	Relação entre o que se pretendia realizar e o que efetivamente se conseguiu fazer com a decisão tomada. Quanto mais acertada for a tomada de decisão, maior será sua eficácia.

Se uma tomada de decisão for tal que resolva um problema, mas a um custo exageradamente grande, será eficaz, mas pouco eficiente. Por outro lado, se ela for plenamente exequível – incluindo o suporte a custos os mais diversos possíveis –, mas não resolver o problema em foco, será eficiente, mas nada eficaz. Assim, podemos entender a eficácia do seguinte modo:

$$\text{Eficácia} = \frac{\text{(resultados alcançados)}}{\text{(resultados pretendidos com a tomada de decisão)}}$$

Desse modo, quanto mais próximos forem os resultados realmente alcançados e os pretendidos pela decisão tomada, maior será a eficácia; em uma situação ótima, a eficácia será igual a 1 (um). Por outro lado, podemos entender a eficiência como:

$$\text{Eficácia} = \frac{\text{(resultados alcançados)}}{\text{(esforço decorrente da tomada de decisão)}}$$

Nesse sentido, o que desejamos é que o esforço decorrente da tomada de decisão seja o menor possível e que o resultado alcançado seja o maior possível; assim, a eficiência ótima, no limite, tenderá ao infinito. Todavia, na realidade, não há esforço que tenda a zero nem resultado alcançado infinitamente grande. Com a determinação do problema de modo claro, contextualizado e bem definido, o ideal é que a tomada de decisão leve com eficiência a resultados eficazes. Após tal identificação, segue-se o desenvolvimento de alternativas criativas para resolver a situação, ou seja, antes de se tomar uma decisão, é preciso desenvolver o máximo possível de soluções.

Você sabia?

Se a situação-problema a ser resolvida não for adequadamente determinada, muito dificilmente a decisão tomada será eficaz e tenderá mesmo a ser ineficiente. Se precisamos ir de automóvel a algum lugar, comprar uma passagem de avião não resolverá nosso problema, além de aumentar nossos gastos operacionais. Isso porque o condicionante "precisar ir de carro" limita todas as outras opções de transporte. Se o problema não for perfeitamente entendido, a resposta tenderá a ser errada.

2.4 Ferramentas da qualidade

Normalmente, fazemos uso de ferramentas da qualidade para o desenvolvimento de soluções possíveis. Entre elas, destacamos o *brainstorming*, uma dinâmica de grupo usada em várias empresas e grupos de trabalho para resolver problemas específicos, alavancar novas ideias ou projetos, reunir informações e estimular o pensamento criativo. Tais atividades visam proporcionar meios pelos quais sejam dadas soluções para um problema objetivo.

O *brainstorming* é um método – e também uma ferramenta da qualidade – criado pelo publicitário Alex Osborn, nos Estados

Unidos. Osborn (1953) e Sousa, Bica e Monteiro (2014) enfatizam a solução de situações-problema pelo uso dessa ferramenta, em função do potencial do *brainstorming* para o desenvolvimento da criatividade dos participantes em suas sessões.

Para determinarmos a causa de um problema, há também outras ferramentas da qualidade que podemos usar, como as descritas a seguir conforme Unicamp (2014) e Sebrae (2014):

» **5 porquês** – Trata-se de uma técnica usada para se encontrar a causa-raiz de um defeito ou problema. Analisa-se que parte de uma premissa é verdadeira após se perguntar por cinco vezes o porquê de um problema ocorrer, sempre relacionado à causa anterior; a busca se dá pela causa-raiz do problema em vez de por sua fonte.

» **Gráfico de Ishikawa ou "espinha de peixe"** – Esta é uma ferramenta gráfica utilizada para o gerenciamento e o controle de processos organizacionais, especialmente na produção industrial. Utilizam-se seis dimensões para tentar relacionar um problema às suas causas:

1. **método** – causas relacionadas ao modo como uma atividade se realizava;
2. **material** – causas relacionadas ao material que se usava na realização da atividade;
3. **mão de obra** – causas relacionadas à execução da atividade pelo responsável por sua efetivação;
4. **máquina** – causas relacionadas ao maquinário ou ferramental envolvido na realização da atividade;
5. **medida ou mensuração** – causas relacionadas ao meios de mensuração envolvidos na atividade;
6. **meio ambiente** – causas relacionadas ao ambiente em que a atividade se desenvolve.

O gráfico "espinha de peixe", ilustrado na Figura 2.3, permite-nos determinar as causas potenciais de determinado problema sobre o qual devemos tomar uma decisão e vincula informações em uma relação de causa e efeito – razão pela qual também é conhecido como *gráfico de causa e efeito*.

Figura 2.3 – Exemplo ilustrativo do gráfico "espinha de peixe"

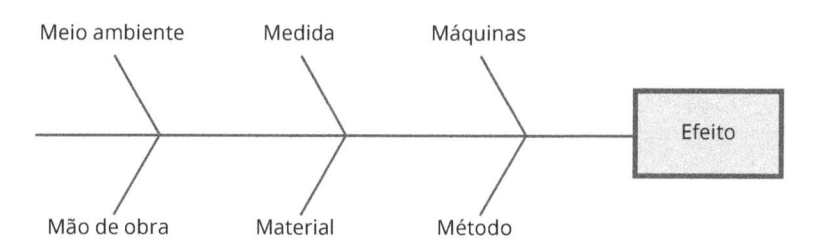

```
Meio ambiente      Medida        Máquinas
                                                    ┌────────┐
                                                    │ Efeito │
                                                    └────────┘
Mão de obra        Material       Método
```

Depois de a situação a ser elucidada e/ou resolvida estar bem delimitada, é importante passarmos ao próximo passo: o desenvolvimento de alternativas de solução. Para tanto, podemos recorrer novamente ao *brainstorming*, a fim de exercermos a criatividade na busca de alternativas para a tomada de decisão.

Outra possibilidade é fazermos uso de uma ferramenta da qualidade conhecida como **benchmarking**. Ela consiste em um processo contínuo de comparação de produtos, serviços e práticas empresariais para o aperfeiçoamento das condições próprias de uma organização, isto é, aprender com o conhecimento ou soluções desenvolvidas por outras empresas para resolver os problemas daquela na qual se atua.

Com o *benchmarking*, não se visa obter simplesmente uma cópia da solução dada a um problema similar ou tomar uma decisão exatamente igual à de outra pessoa em uma situação parecida. Antes, o objetivo é reconhecer boas práticas e contextualizar sua implementação na solução de problemas ou na tomada de decisão por parte da empresa.

Você sabia?

O *benchmarking* foi utilizado inicialmente pela Xerox Corporation para enfrentar o desafio de competitividade das empresas nipônicas nos anos 1970. A ferramenta tem a excelência como alvo. A meta de ser "o melhor dos melhores" ou de incorporar as melhores decisões para solução de problemas é uma característica do *benchmarketing*. Tornar-se um referencial no mercado com base em referências de melhor desempenho entre as empresas constitui parte da lógica dessa ferramenta.

Quando temos uma grande quantidade de soluções possíveis para a resolução de um problema, é importante que as analisemos na busca da melhor e da mais exequível. Isto é, apesar de haver uma gama de alternativas para a tomada de decisão, o mais adequado é que optemos pela possibilidade que resulte em maior eficiência e eficácia para resolver a situação ou que seja a melhor escolha em relação à decisão a ser tomada. Novamente, os parâmetros utilizados no gráfico de causa e efeito podem ser aplicados para verificarmos a alternativa mais adequada. Além deles, é possível acrescentarmos outros, como:

» **recursos financeiros**;
» ***expertise***, ou seja, o saber acumulado pelo estudo, pela experiência e prática na implementação de uma solução;
» **tempo** disponível para a execução da alternativa;
» **local** onde ocorrerão as atividades decorrentes da solução adotada ou da decisão tomada.

Quaisquer outras variáveis podem ser agregadas a estas, em função de especificidades e de particularidades intrínsecas à situação que necessita de uma solução ou que requer uma tomada de decisão. Identificada a melhor opção, devemos implementá-la, caso contrário, todo o esforço para resolvermos o problema terá sido em vão. Vale ressaltarmos também que a tomada de decisão significa optarmos efetivamente pela ação; se isso não ocorre, uma decisão também está tomada: **não fazer nada**. Não tomar nenhuma providência também é uma decisão e nos remete a um ditado brasileiro muito conhecido: "O que não tem remédio, remediado está".

Eventualmente, pode ser prudente aguardarmos até que tenhamos informações mais confiáveis ou mais exatas sobre a situação. Entretanto, em geral, essa é uma postura arriscada quando falamos em mercado, pois os concorrentes podem tomar uma decisão antes que a organização o faça, e isso pode beneficiá-los. Por outro lado, se a decisão correta for tomada com antecipação, são os concorrentes que ficarão para trás.

A informação é, portanto, um recurso precioso para as organizações. Em conformidade com Marchiori (2002, p. 74), podemos afirmar que ela possibilita o aumento da "competitividade empresarial e os processos de modernização organizacional". Além disso, a informação é valiosa na medida em que pode transformar-se em um diferencial competitivo para a empresa, no sentido de colocá-la em vantagem perante os concorrentes ou tornar mais fácil o acesso a recursos.

Síntese

As organizações devem tomar as decisões mais corretas possíveis para alcançar seus objetivos (estratégicos, táticos e/ou operacionais). Devemos observar que a tomada de decisão se fundamenta em informações advindas de dados, fatos e percepções que têm significado no contexto da situação-problema a ser resolvida ou da deliberação a ser feita. Quanto mais exatas e relevantes forem as informações, mais importantes passarão a ser nesse processo. Informações em excesso podem ser pouco úteis, se não estiverem relacionadas à decisão a ser tomada ou ao problema em foco; podem ser curiosidades que não dizem respeito à questão em exame. Dados quantitativos ou qualitativos somente nos interessarão se atenderem a requisitos que garantam a eficiência e a eficácia da tomada de decisão.

Por sua vez, a resolução de problemas pode ser entendida como um processo realizado em cinco passos:

1. identificação o mais exata possível dos problemas a serem elucidados ou da situação que demanda a tomada de decisão;
2. desenvolvimento de alternativas de solução que elucidem o problema em foco ou que balizem a decisão a ser tomada;
3. análise das alternativas;
4. escolha da melhor alternativa;
5. execução da alternativa eleita como a melhor solução para o problema ou como a melhor decisão a ser tomada.

Há situações em que não existem soluções para o problema em foco ou em que a decisão mais indicada consiste em esperar por mais informações ou não fazer absolutamente nada no momento. Essa também é uma postura válida, caso seja a melhor para a situação.

Existem ferramentas da qualidade que nos auxiliam na tomada de decisão, seja pela determinação do problema, seja pelo desenvolvimento e análise de opções de decisão para a sua solução. Entre essas ferramentas, as mais comuns são: *brainstorming*, *benchmarking*, gráfico de Ishikawa e os 5 porquês. Além das variáveis características do gráfico de Ishikawa, outros parâmetros são relevantes para a tomada de decisão, tais como recursos financeiros, *expertise*, tempo e local.

Questões para revisão

1. Visto que todas as pessoas devem tomar decisões em algum momento de sua vida e que isso constitui uma atitude importante em todos os níveis da sociedade, indique se as afirmações a seguir são verdadeiras (V) ou falsas (F) e, depois, escolha a alternativa que apresenta a sequência correta:
   ( ) Quanto mais incertos forem os resultados advindos da decisão tomada, em geral, mais difícil será tomar essa decisão.
   ( ) A decisão adequada é aquela que aumenta o grau de certeza em relação ao seu objetivo final.
   ( ) Embora exista na empresa uma hierarquização dos cargos, todas as decisões tomadas têm a mesma importância.
   a) V , F , F.
   b) V , F , V.
   c) V , V , F.
   d) V , V , V.

2. De que maneira o poder organizacional e a especificidade da tarefa se relacionam? Assinale a alternativa que responde corretamente à indagação:
   a) Quanto maior for a especificidade da tarefa, menor será o poder organizacional.
   b) Quanto menor for a especificidade da tarefa, menor será o poder organizacional.
   c) Quanto maior for a especificidade da tarefa, maior será o poder organizacional.
   d) Os dois aspectos não apresentam relação.

3. Levando em conta os princípios que devem ser considerados para tomarmos uma decisão correta, indique se as afirmações a seguir são verdadeiras (V) ou falsas (F) e, depois, escolha a alternativa que apresenta a sequência correta:
   ( ) Veracidade – Caso a informação esteja errada, pode levar todos ao erro.
   ( ) Confiabilidade – Advém da veracidade no que se refere a ter certeza do que está sendo dito, mas não é necessário conhecer a fonte.
   ( ) Validade – Tem relação com a procedência da informação e com o período de tempo nela empregado.
   a) V , V , F.
   b) V , F , F.
   c) F , F , V.
   d) V , F , V.

4. Apresente os cinco passos utilizados para a resolução de problemas e os diferencie entre si.

5. Utilizando os cinco passos para a resolução de problemas, apresente uma sugestão de solução para o problema relativo à necessidade de redução do consumo de água na sua residência.

Para saber mais

Assista ao filme *12 homens e uma sentença* (1957). Na trama, um jovem porto-riquenho é acusado de assassinar o pai. No julgamento do caso, 12 homens se reúnem para deliberar sobre a sentença: culpado ou inocente. A princípio, somente um dos jurados considera o réu inocente e, então, indica a todos a tarefa de analisarem juntos uma decisão que satisfaça ao critério de decisão. Para isso, ele terá de ponderar várias possibilidades de interpretação dos fatos e lidar com a má vontade de muitos que querem ir logo para casa.

12 homens e uma sentença. Direção: Sidney Lumet. EUA: United Artists, 1957. 95 min. Disponível em: <http://www.cineclick.com.br/12-homens-e-uma-sentenca>. Acesso em: 5 fev. 2015.

Recomendamos também a leitura dos seguintes artigos:

PORTO, M. A. G.; BANDEIRA, A. A. Processo decisório nas organizações. In: SIMPÓSIO DE ENGENHARIA DE PRODUÇÃO – SIMPEP, 8., 2006, Bauru. **Anais**... Bauru, SP: Unesp, 2006. Disponível em: <http://www.simpep.feb.unesp.br/anais/anais_13/artigos/980.pdf>. Acesso em 5 fev. 2015.

VALENTIM, M. L. P. et al. O processo de inteligência competitiva em organizações. **DataGramaZero: Revista de Ciência da Informação**, v. 4, n. 3, jun. 2003. Disponível em: <http://moodle.fgv.br/cursos/centro_rec/docs/o_processo_inteligencia_competitiva.pdf>. Acesso em: 10 mar. 2015

Após assistir ao filme e ler os textos, discuta com seus colegas sobre a importância da tomada de decisão nas organizações.

3 O papel do profissional de secretariado no gerenciamento da informação

Conteúdos do capítulo

» Estruturas funcionais da organização.
» Ambientes interno e externo da organização.
» O papel do profissional de secretariado no gerenciamento da informação e do conhecimento.
» Funções e operações administrativas clássicas e gerenciamento da informação.
» Documentos: prazos de controle e guarda.
» Formas de apresentação de dados e informações.

Após o estudo deste capítulo, você será capaz de:

1. reconhecer as estruturas organizacionais;
2. identificar as fontes de dados e informações;
3. delimitar a atuação do profissional de secretariado no gerenciamento da informação;
4. estabelecer políticas de guarda de documentos;
5. reconhecer formas de apresentação de dados e informações.

3.1 Conhecendo a estrutura organizacional

Há uma multiplicidade de formas de organização das instituições. Privadas ou públicas, de capital aberto ou fechado, micro ou grandes, elas se ordenam para o melhor funcionamento possível, de modo que sejam caracterizadas com exclusividade. É claro que as organizações podem ser muito semelhantes entre si, assim como suas estruturas, mas todas guardam especificidades que fazem com que o seu processo de gerenciamento – e por extensão, o da informação – seja único.

Ao abordarmos as estruturas organizacionais, é preciso estabelecermos as que são clássicas e presentes na grande maioria das corporações, conforme segue.

» **Cultura** – É o conjunto de percepções sobre a realidade, valores, identidades de comportamento e expressão, ritos, mecanismos de convivência social e mitos compartilhados pelos sujeitos que compõem a organização. Temos a cultura de uma grande sociedade (como a japonesa), de grupos regionais específicos (a gauchesca ou a marajoara), de grupos locais específicos (a de tribos urbanas, como os *punks* e os góticos, ou os comunicantes em Libras), a religiosa (menonita ou umbandista, por exemplo) e a específica de organizações (como a da Toyota, a da Denso ou a da Volvo). A arte, a ciência, a linguagem e o modelo de gestão, entre tantos outros, são exemplos de resultado do processo cultural. A seguir, apresentamos uma definição de *cultura* que nos pode ajudar a refletir sobre esse conceito em seu aspecto voltado às organizações: **"Cultura é a aprendizagem acumulada e compartilhada por determinado grupo, cobrindo os** elementos comportamentais, emocionais e cognitivos do funcionamento psicológico de seus membros" (Schein, 2009, citado por Silva, C. G. D. et al., 2014).

» **Layout** – É o modo pelo qual uma organização se estrutura fisicamente, desde a localização de suas instalações e como são projetadas até a ocupação do espaço por maquinários e móveis, assim como a forma como estes estão dispostos. Na Figura 3.1 podemos ver a representação gráfica de um *layout* organizacional.

Figura 3.1 – Exemplo de *layout* para uma panificadora industrial

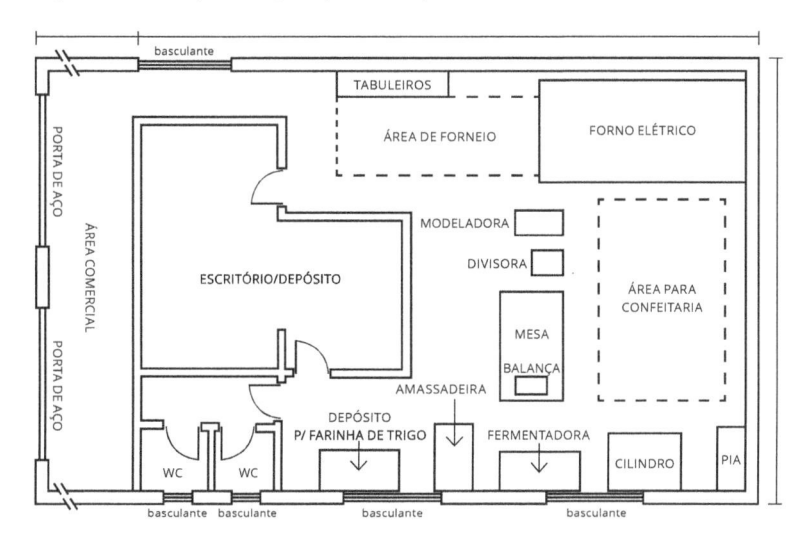

Fonte: Adaptado de Sebrae-MG, 2015.

» **Organograma** – Mais do que a representação gráfica de como o trabalho é organizado quanto aos departamentos em uma instituição, o organograma representa a relação hierárquica e de comando entre os seus setores (como seções especializadas em atividades mais ou menos específicas no contexto da empresa). Na Figura 3.2 apresentamos um exemplo de organograma.

Figura 3.2 – Organograma da empresa Mãe & Filha Confecções Ltda.

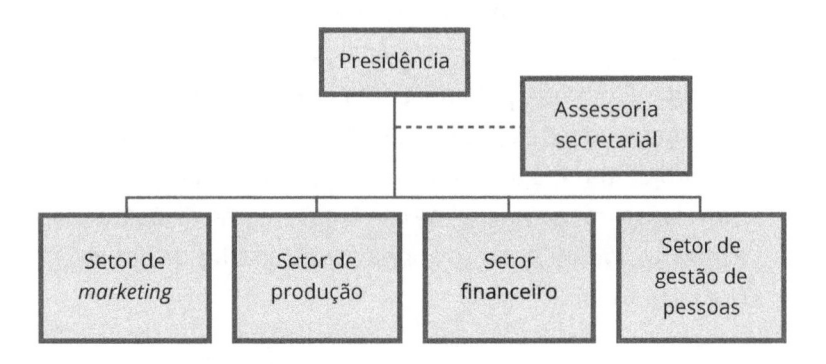

```
                    ┌─────────────┐
                    │ Presidência │
                    └──────┬──────┘
                           │        ┌──────────────┐
                           ├--------│  Assessoria  │
                           │        │  secretarial │
                           │        └──────────────┘
       ┌───────────┬───────┴───────┬──────────────┐
┌──────┴───┐ ┌─────┴────┐ ┌────────┴───┐ ┌────────┴────┐
│ Setor de │ │ Setor de │ │   Setor    │ │  Setor de   │
│ marketing│ │ produção │ │ financeiro │ │  gestão de  │
│          │ │          │ │            │ │   pessoas   │
└──────────┘ └──────────┘ └────────────┘ └─────────────┘
```

Devemos notar que a linha que une a assessoria secretarial ao todo da organização aparece em pontilhado porque o *staff* desse setor está ligado à presidência, isto é, fornece-lhe suporte sem, contudo, deter poder hierárquico sobre os demais setores ou departamentos. Estes, por sua vez, estão ligados em linha à presidência, o que significa que lhe são submetidos hierarquicamente, mas são independentes entre si.

» **Funcionograma ou funciograma** – Para além da representação gráfica da distribuição do trabalho no âmbito pessoal de uma instituição (o que é mais comum), essa estrutura organizacional estabelece as atribuições, os deveres e as responsabilidades de cargos ou posições institucionais. Graficamente, o funcionograma é muito similar a um organograma, conforme nos mostra a Figura 3.3.

Figura 3.3 – Funcionograma de um setor hipotético

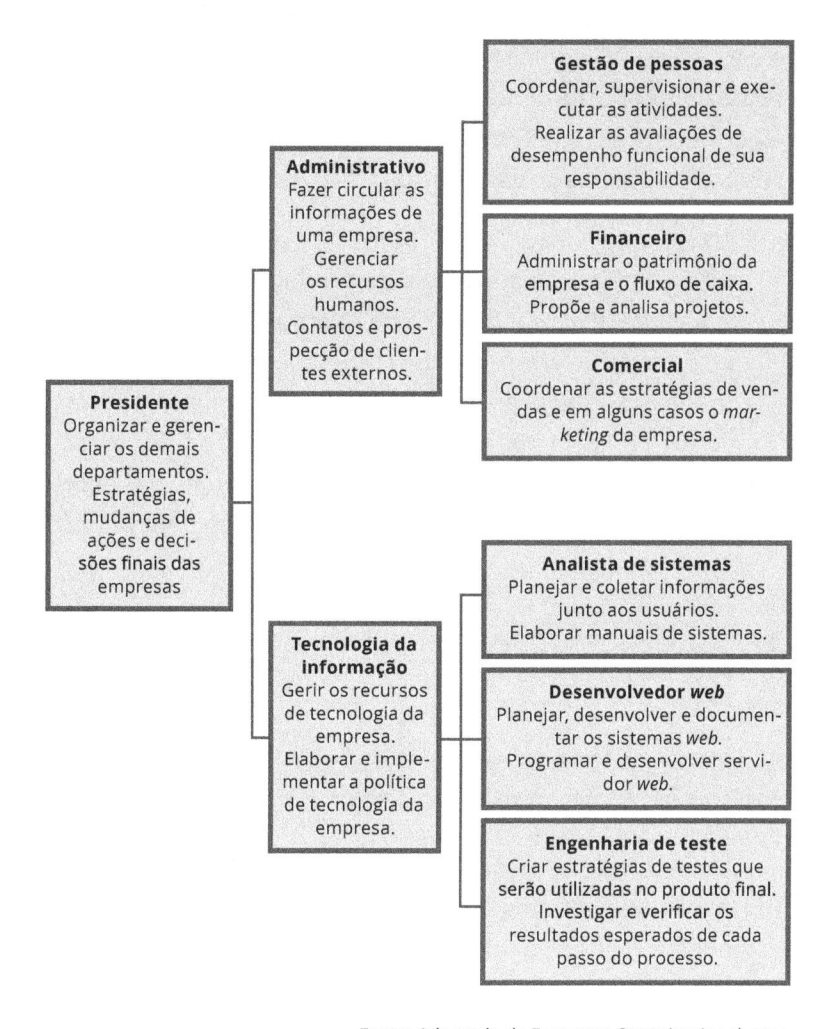

Presidente
Organizar e gerenciar os demais departamentos. Estratégias, mudanças de ações e decisões finais das empresas

- **Administrativo**
Fazer circular as informações de uma empresa. Gerenciar os recursos humanos. Contatos e prospecção de clientes externos.
  - **Gestão de pessoas**
  Coordenar, supervisionar e executar as atividades. Realizar as avaliações de desempenho funcional de sua responsabilidade.
  - **Financeiro**
  Administrar o patrimônio da empresa e o fluxo de caixa. Propõe e analisa projetos.
  - **Comercial**
  Coordenar as estratégias de vendas e em alguns casos o *marketing* da empresa.

- **Tecnologia da informação**
Gerir os recursos de tecnologia da empresa. Elaborar e implementar a política de tecnologia da empresa.
  - **Analista de sistemas**
  Planejar e coletar informações junto aos usuários. Elaborar manuais de sistemas.
  - **Desenvolvedor *web***
  Planejar, desenvolver e documentar os sistemas *web*. Programar e desenvolver servidor *web*.
  - **Engenharia de teste**
  Criar estratégias de testes que serão utilizadas no produto final. Investigar e verificar os resultados esperados de cada passo do processo.

Fonte: Adaptado de Estrutura Organizacional, 2013.

Devemos observar que nas "caixas" em que constam os cargos, há também informações sobre atribuições, responsabilidades e deveres. Eventualmente, no funcionograma que trata de setores ou departamentos, podemos notar a missão de cada departamento, o que facilita o reconhecimento da função que eles exercem no todo organizacional.

» **Fluxograma** – Representa as etapas que constituem um processo administrativo (seja de produção, seja de trâmite de documentos, seja do fluxo de informações). Há várias formas de se caracterizarem tais processos e suas etapas; a mais comum é o **fluxograma sintético**, que, por meio de blocos que se interligam por setas que representam o fluxo processual, busca apresentar de modo sucinto o trâmite das ações. Na Figura 3.4 vemos um exemplo de processo de produção industrial de pão.

Figura 3.4 – Fluxograma sintético da produção industrial de pão

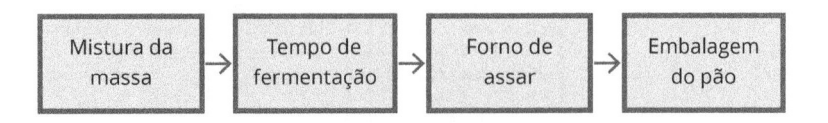

| Mistura da massa | → | Tempo de fermentação | → | Forno de assar | → | Embalagem do pão |

Notemos que os processos, como a "mistura da massa", podem ser desdobrados em outros mais simples ou específicos, na medida em que seja útil detalhar como ocorre cada um deles.

Cada uma das estruturas que mencionamos anteriormente gera um grande número de dados, que podem ser utilizados pela organização como informação a fim de facilitar a tomada de decisão. Assim, as estruturas administrativas determinam como uma instituição se constitui e, ao mesmo tempo, formam o cerne, a parte mais central, concisa e coesa dela. Como fonte de dados, elas são a base do sistema de informação de uma empresa.

Você sabia?

As estruturas organizacionais são **complementares** entre si, isto é, apesar de trazerem em si mesmas dados bastante específicos, conjuntamente têm muito a dizer sobre a instituição. O *layout* pode expressar muito do processo de produção ou do fluxo de processos, assim como o fluxograma do processo produtivo nos ajuda a entender o *layout* da produção. As estruturas organizacionais sistematizam o funcionamento organizacional e requerem métodos para si mesmas. O profissional da área secretarial participa do planejamento e do funcionamento organizacional no projeto e na execução, no controle e na ordenação das estruturas administrativas, de tal modo que elas sejam eficientes e eficazes.

As estruturas administrativas relatam e registram o funcionamento organizacional. No entanto, conforme comentamos no capítulo anterior, há funções que podem ser vistas como sistemas tais como a gestão financeira e as de produção, qualidade, recursos humanos, *marketing* e logística. Tais sistemas requerem e produzem informações e dados necessários ao funcionamento de si mesmos e dos demais. De forma simultânea, essas estruturas e sistemas internos determinam, formam e condicionam o funcionamento organizacional.

Um sistema de informação organizacional, portanto, é indissociável da instituição, uma vez que se vale das estruturas e das funções administrativas para gerar dados e informações que são direcionados a elas mesmas. Porém, o sistema de informação vai além quando recebe e fornece dados e informações para o ambiente externo.

Você sabia?

O **ambiente externo** às organizações é classicamente composto por **meio ambiente** (natureza ou ambiente físico), **mercado**, **Estado** e **sociedade**, elementos com os quais a corporação se relaciona direta e indiretamente, para os quais envia e dos quais recebe dados e informações.

3.2 O ambiente externo

No caso brasileiro, o **Estado**, que compõe o ambiente externo às organizações, consiste na reunião das esferas administrativas da União, das unidades federativas (estados e Distrito Federal) e dos municípios, no exercício dos Poderes Executivo, Legislativo e Judiciário. As instituições se relacionam tão intimamente com o Estado que a legislação determina o seu funcionamento, sob os pontos de vista civil, sanitário, trabalhista, contábil, tributário, entre outros. As organizações "trocam" os impostos e as taxas que pagam ao Estado por serviços de infraestrutura, segurança pública, políticas de fomento e desenvolvimento econômico etc. O Estado usa também seus mecanismos de controle para fiscalizá-las e obrigá-las quanto ao seu funcionamento, tendo em vista a legislação e seus próprios interesses.

O **mercado**, o vasto campo social no qual ocorrem as relações de oferta e procura por bens, serviços e recursos, influencia as organizações e é por elas influenciado. Ele baliza o comportamento corporativo diante de outras empresas consumidoras dos produtos ou serviços que as instituições produzem, diante de fornecedores, diante da concorrência e diante das empresas parceiras. É também no mercado que a organização adquire produtos e serviços para o próprio funcionamento e consumo, e ele ainda fornece um grande número de informações e dados necessários ao funcionamento da instituição – dados e informações de demanda ou de rejeição aos produtos ou serviços que a instituição produz são um bom exemplo.

É da **sociedade**, entendida como comunidade, que a organização se forma quanto a seus aspectos humanos. As pessoas (físicas e jurídicas) que a formam são também formadoras da sociedade. As pessoas que consomem os produtos e os serviços que ela oferece para o mercado também formam a sociedade. A cultura que estrutura a instituição é compartilhada pela sociedade, e muitos valores sociais estão presentes na instituição por meio de seus formadores.

Para tornar tudo mais claro

» **Pessoa física** – É a pessoa de direito, sujeito humano. Ao morrer, os direitos e os deveres financeiros dela são assumidos por seu espólio (responsabilidades e direitos que competem a seus herdeiros).

» **Pessoa jurídica** – É o conjunto de pessoas que têm uma finalidade declarada e bens determinados, criado de acordo com a lei por iniciativa individual ou coletiva. Tal finalidade pode ser a administração de um patrimônio, a prestação de serviços, a produção e comercialização de produtos e a realização de uma atividade beneficente ou de interesse público, por exemplo. A pessoa jurídica pode se constituir por uma iniciativa pública ou privada, mas há sempre uma pessoa física responsável pela pessoa jurídica. Não há atribuição de responsabilidades criminais às pessoas jurídicas: é a pessoa física que responde por crimes e infrações à lei. Quando encerra suas atividades por não ter mais sustentabilidade, a empresa passa a ser uma massa falida e, em geral, o juiz designa um interventor para gerir suas responsabilidades e direitos financeiros e tributários – ainda que o responsável legal continue a responder judicialmente pelas atividades da organização até sua extinção e por seus desvios perante a lei. No caso da extinção das atividades por interesses do(s) responsável(eis) pela instituição, não há massa falida e ocorre somente o fechamento da instituição.

Da **natureza** ou **meio ambiente** as organizações extraem, direta ou indiretamente, recursos físicos e matérias-primas para o seu funcionamento. Em contrapartida, as organizações poluem e degradam o meio ambiente, também de modo direto ou indireto. Novamente, informações e dados sobre esse tema são importantes: a proximidade de um período extenso de seca ou de inundações é relevante para todas as empresas, mas, para algumas (como as de agronegócios), é uma informação vital. O atendimento à legislação ambiental, ainda que seja para cumprir as exigências do Estado, igualmente delineia a relação que a instituição mantém com o meio ambiente ou com a natureza. Do mesmo modo, o descumprimento de tal legislação, ou uma atuação irracional na exploração dos recursos ambientais, caracteriza tal relação.

Tendo apresentado o ambiente externo em todos os seus elementos, devemos salientar que não há uma linha divisória entre seus integrantes. Isto é, as pessoas podem ao mesmo tempo constituir a organização (como investidores em seu capital), o mercado (como consumidores), o Estado (como servidores públicos), a sociedade (como cidadãos) e também certamente fazem parte do meio ambiente. Existem, portanto, papéis múltiplos que são desempenhados pelos componentes do ambiente externo e, de igual modo, há interesses múltiplos que envolvem as relações estabelecidas entre a instituição – ou seja, seu ambiente interno – e os componentes de seu ambiente externo. A compartimentação dos componentes do ambiente externo à organização se justifica como um recurso para melhor compreendermos o seu funcionamento, do mesmo modo que a compartimentação das estruturas e das funções administrativas facilita a nossa compreensão sobre o funcionamento corporativo. A Figura 3.5 ilustra as relações entre a instituição e seu ambiente externo, e o Quadro 3.1, fundamentado na figura, salienta algumas trocas que a organização realiza com o ambiente externo.

Figura 3.5 – Relações entre a organização e seu ambiente externo: trocas múltiplas

As relações que a organização mantém com o ambiente externo estão baseadas em trocas materiais, bem como em informações e dados. A empresa se reorganiza continuamente em função de suas condições internas e das alterações e condições

do ambiente externo. Esse processo de troca dinâmica (balanceamento) entre o meio ambiente e a organização é chamado de *homeostase*. Assim, o **princípio do equilíbrio sistêmico** tem como pressuposto as relações externas e internas que a corporação desenvolve em função de seus interesses.

Desse modo, podem ocorrer déficits de trocas com um dos componentes do meio ambiente e, em outros casos, superávits. Por exemplo: uma empresa pode reter parte dos impostos devidos e investir esse recurso na produção, uma vez que o pagamento dos tributos com atraso e multa é compensado pelo lucro na produção. Por outro lado, a empresa também pode ser prejudicada em relação a esse binômio de troca. Por exemplo: pode perder sua mão de obra qualificada em função da concorrência por esse recurso no ambiente externo. *Troca*, nesse sentido, refere-se a uma saída ou entrada no sistema organizacional, e não necessariamente a uma permuta de recursos. Em um balanço, sempre se busca o equilíbrio, a homeostasia, em relação ao ambiente externo.

Silva (2009), em um trabalho objetivo, assevera que a **homeostasia organizacional** é um processo que depende do perfil da instituição, de sua experiência acumulada (conhecimento), da habilidade de interpretar dados e, acrescenta, do gerenciamento de informações por meio de um sistema. Por outro lado, a incapacidade de a organização atingir a homeostasia decorre ou de sua desestruturação interna, ou de sua incapacidade de enfrentar as condições do ambiente externo – ou de ambas.

Quadro 3.1 – Trocas que a organização realiza com o ambiente externo

		Organização	
		Troca recebendo do ambiente externo	**Troca enviando ao ambiente externo**
Ambiente externo	**Mercado**	Produtos, serviços, pagamentos, investimentos, tecnologia, métodos de produção	Produtos, serviços, pagamentos, investimentos, tecnologia, métodos de produção
Ambiente externo	**Sociedade**	Mão de obra, cultura, tecnologia, valores, fidelização à organização e a seus produtos ou serviços	Investimentos sociais e ambientais, iniciativas de responsabilidade econômico-social, inversão de recursos financeiros em contraprestação à mão de obra, tecnologia, cultura, mitos, valores
	Estado	Legislação, ordem social, infraestrutura, fiscalização, investimentos, ordenação tributária e financeira	Pagamento de impostos e taxas, pagamento de multas, tecnologias, parcerias de iniciativa
	Natureza	Matérias-primas, recursos naturais diversos	Degradação ambiental e poluição, iniciativas de recuperação ambiental e mitigação de danos

O sistema de informação de uma instituição, consequentemente, atua para além de suas estruturas e funções administrativas, a fim de alcançar os componentes de seu ambiente externo. Dados e informações que vêm de fora para dentro complementam, facilitam a compreensão e corroboram, ou não, aqueles que são gerados internamente.

Para tornar tudo mais claro

O **sistema de informação** de uma instituição tem como funções: coletar dados tanto do ambiente interno quanto do externo; tratá-los de tal maneira que se transformem em informações úteis à tomada de decisão; planejar as ações; organizar as informações de modo documental, físico e eletrônico; controlar as informações e os dados; e dirigir os esforços organizacionais no sentido da eficiência e da eficácia no seu uso.

Grandes instituições, em geral, estabelecem em departamentos ou setores a função administrativa que gerencia o seu sistema de informação. Ainda muito comum, porém, é a divisão entre o uso de tecnologias da informação – consolidado nos departamentos de tecnologia da informação – e a gestão da informação propriamente dita – estabelecida nos departamentos de organização, sistemas e métodos ou nos setores de gestão da informação.

No entanto, Alvarenga Neto (2005) assinala que mais importante do que a gestão da informação passou a ser a **informação do conhecimento** e que esta leva a uma reavaliação da gestão organizacional atual, em função de a sociedade viver em uma era na qual o conhecimento se tornou um ativo fundamental para as organizações. O conhecimento, segundo esse autor, requer uma gestão estratégica integrativa com todas as áreas organizacionais, de modo que torne possível a integração dos vários saberes, que se potencializam mutuamente, tendo em vista também a criação de um ambiente inovador e criativo na empresa.

3.3 O profissional de secretariado e o desafio da integração

Durante (2012, p. 47), em sua reflexão sobre o profissional de secretariado, nos lembra que "o trabalho secretarial se caracteriza pelo ato de comunicar, seja por meio da escrita e da fala, seja através de signos, símbolos ou sinais. Na interação com superiores, colegas, subordinados, clientes e fornecedores, o secretário transmite e recebe informações". Nesse sentido, esse profissional funciona como um ator que facilita tal integração, pois, conforme estabelece a Lei n. 7.377, de 30 de setembro de 1985 (Brasil, 1985), e apontam as melhores práticas da área, uma de suas atribuições é "a coleta de informações para a consecução de objetivos e metas de empresas".

Nonato Júnior (2009, p. 196) corrobora tal pensamento ao afirmar que

> O Secretariado Executivo, por exemplo, vem particularmente demonstrando novas significações sobre uso e abordagem da gestão informacional. Paulatinamente, a Ciência Secretarial deixa de ser vista sob a óptica das funções complementares e burocráticas, para ser considerada como integrante do ramo das Ciências Estratégicas que são decisivas na qualidade do trabalho organizacional.

Assim, o profissional de secretariado pode, com competência, ser o elo gestor e de facilitação do trânsito de informações e conhecimentos ou fomentar as relações intersetoriais que privilegiem o compartilhamento de dados e saberes que conferem maior eficiência e eficácia às instituições. Resultados observáveis quando esse profissional atua nessa dimensão podem ser os seguintes:

» integração de estratégias, programas, projetos e atividades operacionais;
» fortalecimento de práticas produtivas;
» eliminação de práticas improdutivas;
» fortalecimento da cooperação intersetorial;
» assertividade organizacional;
» relacionamento intersetorial e interinstitucional mais efetivo e menos tenso;
» aumento da eficiência e da eficácia;
» aperfeiçoamento da gerência (governabilidade) organizacional sobre dados, informações e conhecimento.

Por outro lado, se uma empresa não dispõe desse profissional que viabiliza a integração gerencial da informação, ou de outro que lhe faça as vezes, são recorrentes as seguintes situações:

» erros em função da falta de conhecimentos, dados e informações, tanto no contexto da tomada de decisão quanto na execução de atividades;
» ineficácia nos processos de compartilhamento de dados, informações e saberes – ou mesmo a inexistência deles;
» inviabilização do controle e da segurança da informação;
» adversidades na transferência e na trabalhabilidade de dados;
» ineficiência na utilização de dados e informações.

De acordo com Gusmão e Dias (2014), o profissional de Secretariado "possui muitas habilidades e competências que são fundamentais no processo de gestão do conhecimento [...] tendo que usá-las para realizar diversas atividades, tais como fazer o elo entre a organização e os clientes internos e externos". Porém, isso não ocorre somente com os clientes. Esse profissional pode ser o elo com os entes que compõem o ambiente externo, independentemente da relação que existe entre fornecedor e cliente.

A construção de cenários para entender as tendências do ambiente externo, visando à tomada de decisão, também pode ser uma área de atuação do profissional. *Cenário* ou *panorama* do ambiente externo à organização refere-se, com base em dados e fatos, às condições sociais, econômicas, políticas, culturais e ambientais presentes, bem como às tendências de evolução do quadro no curto, médio e longo prazos. Quando o cenário é bem construído e realmente corresponde à realidade, torna-se mais fácil tomar decisões. Por certo, as previsões – ou seja, a evolução do quadro – nem sempre ocorrem conforme o que é projetado, mas, quanto mais bem elaborado for o cenário, mais corretamente se vislumbrará o desenvolvimento de suas condições.

O profissional de secretariado, como responsável pelo gerenciamento das informações, pode ainda dar suporte a um gestor (executivo), a setores organizacionais ou à instituição como um todo. Medeiros (2004) assevera essa possibilidade. No entanto, independentemente de quem esse profissional assessora, a gestão da informação abrange desde a escolha dos métodos e meios de coleta de dados, seu processamento – incluindo opções de tecnologia da informação –, estruturação metodologizada e sistematizada, até o armazenamento da documentação gerada nesse processo.

Cada uma das etapas que mencionamos anteriormente requer uma perspectiva própria de gerenciamento. Por isso, o profissional de secretariado deve estabelecer – em função de sua amplitude de decisão, ou seja, do quanto de poder detém para tomar decisões – quais são os parâmetros segundos os quais a organização vai funcionar. As operações administrativas básicas – em concordância com Graham Júnior e Hays (1994), Kwasnicka (1995), Chiavenato (2000) e Hemsley e Vasconcellos (2002) – fornecem suporte ao processo de delimitação de funcionamento para esse sistema de gestão e seus parâmetros, a saber:

a) **planejar** seu funcionamento, identificar metas, meios e objetivos de funcionamento, bem como estabelecer limites de operacionalização;
b) **organizar e estabelecer**, ou seja, implantar ou executar o que foi decidido durante o processo de planejamento, dando forma às estruturas administrativas, que vimos anteriormente;
c) **verificar** se os objetivos foram alcançados, assim como os parâmetros de desempenho estabelecidos durante o planejamento; se sim, deve-se manter o funcionamento, aproveitando, quando possível, as oportunidades de melhora; se não, é preciso estabelecer mecanismos de correção e meios de se atingirem os objetivos previamente delineados;
d) **dirigir** no escopo (propósito da tarefa) da amplitude do poder de que se dispõe, tomando decisões acerca da gestão da informação e do sistema ao qual se está ligado.

É importante notarmos que o profissional de secretariado pode decidir, no limite do poder que a organização lhe concede – mas não somente decidir, como também liderar pessoas sob sua responsabilidade. Se, durante muito tempo, ele era reconhecido por dar suporte a um executivo, de fato, atualmente, esse profissional se tornou o executivo da gestão secretarial da empresa como um todo, ou de outras áreas nas quais sua capacidade de comandar seja reconhecida. É comum, por exemplo, que setores de arquivística e gestão documental, gestão de eventos, gestão do conhecimento, gestão da informação e análise de processos sejam conduzidos por esse profissional.

O profissional de secretariado também pode agir no gerenciamento da informação e de dados, tomando-se como base o que escrevem Probst, Raub e Romhardt (2002) no que se refere ao conhecimento, conforme as seguintes perspectivas:

a) **identificação de fontes de dados e informação** – classificando-as e determinando o modo como a instituição poderá acessá-las;
b) **aquisição de dados e informações** – articulando os interessados, tanto do ambiente interno quanto do externo, para que a transferência de dados e informações seja eficiente e eficaz;
c) **desenvolvimento de dados e informações** – de forma que seja possível estabelecer seu uso de modo producente;
d) **compartilhamento e distribuição de dados e informações** – respeitando os limites de segurança, mas permitindo que o acesso a esse conteúdo seja facilitado e controlável;
e) **utilização de dados e informações** – dispor de dados e informações não significa automaticamente que a organização se aproveita de modo adequado desses recursos; cabe ao profissional de secretariado incentivar que seu uso seja tal que traga benefícios para a empresa;
f) **retenção de dados e informações** – muito próxima da gestão arquivística e documental, consiste no armazenamento seguro e sistematizado de dados e informações, de forma que atenda, a um só tempo, à legislação aplicável e ao interesse da organização em recuperar e rastrear os próprios registros.

O profissional de secretariado pode atuar ainda como gestor da informação em um departamento específico da instituição.

Nesse sentido, ele deve estar habituado com os dados e as informações, bem como com os documentos que são relevantes para esse setor. Com isso, não queremos dizer que um documento, dado ou informação seja relevante para um setor ou departamento e, ao mesmo tempo, irrelevante para outro; mas há aqueles documentos que dizem respeito particularmente a determinadas funções administrativas, como relatórios contábeis e monetários, que são mais afetos à área financeira do que ao *marketing* ou à produção. Esse profissional deve estar atento, pois, aos padrões de dados e informações e aos documentos da área em que atua. Por outro lado, se ele cuida da gestão secretarial de toda a organização, todos os documentos serão importantes.

Você sabia?

Em princípio, existem três dispositivos legais que tratam do prazo de guarda de documentos para as áreas comercial e fiscal, os quais são citados por Castro, Victorino e Tobias (2011), a saber:
1. art. 195, parágrafo único, do Código Tributário Nacional (Brasil, 1966);
2. art. 37 da Lei n. 9.430/1996 (Brasil, 1996);
3. art. 4º do Decreto-Lei n. 486/1969 (Brasil, 1969).

Segundo esses autores, o direito da Previdência Social para apurar e constituir seus créditos extingue-se após 5 (cinco) anos. O direito de um trabalhador ingressar na Justiça do Trabalho para buscar seus direitos, no que diz respeito a créditos que resultam das relações de trabalho, prescreve em 5 (cinco) anos, até o limite de 2 (dois) anos após a extinção do contrato.

3.4 Documentos e prazos de guarda

Em cada área clássica da administração (recursos humanos, finanças, produção e *marketing*), há um grande número de documentos relevantes aos quais o profissional de secretariado deve estar atento em função das atividades que desenvolve na organização. Nos Quadros 3.2, 3.3, 3.4 e 3.5, apresentamos alguns deles; os quadros trazem também, quando aplicável, os prazos de prescrição, isto é, o prazo legal para a retenção e a manutenção dos documentos pela empresa em seu sistema de informação, documental ou arquivístico.

Quadro 3.2 – Documentos da área de recursos humanos

Documento	Prazo de guarda (em anos)
Comunicação de Acidente de Trabalho (CAT)	5
Comprovante de entrega da guia da Previdência Social	5
Comprovante de pagamento de benefícios reembolsados pelo Instituto Nacional do Seguro Social (INSS)	5
Folha de pagamento (com fins previdenciários)	5
Guia da Previdência Social (GPS)	5
Registro do ponto (físico ou eletrônico)	5
Registro de férias	5
Atestado de saúde ocupacional	20, após o desligamento do trabalhador
Contrato de trabalho	Indeterminado, guarda permanente

(continua)

(Quadro 3.2 – conclusão)

Documento	Prazo de guarda (em anos)
Fundo de Garantia do Tempo de Serviço (FGTS) – depósitos e documentos relacionados	30
Livros ou fichas de registro de empregados	Indeterminado, guarda permanente
Programa de Controle Médico de Saúde Ocupacional (PCMSO)	20
Programa de Prevenção de Riscos Ambientais (PPRA) – histórico técnico de desempenho	20
Recibos de pagamentos diversos (salário, 13º salário, abonos, férias e entrega de vale-transporte)	5
Resumo estatístico anual – indústria da construção civil	3
Seguro-desemprego (comunicação de dispensa e requerimento do seguro-desemprego)	5, contados a partir da dispensa do trabalhador
Cadastro Geral de Empregados e Desempregados (Caged)	3, contados da data de envio
Guia de Recolhimento do FGTS e Informações à Previdência Social (GFIP)	30

Quadro 3.3 – Documentos da área de finanças

Documento	Prazo de guarda (em anos)
Arquivo digital (sistema de processamento de dados)	5
Comprovante de rendimentos pagos ou creditados e de retenção na fonte	5
Comprovantes de escrituração (notas fiscais e recibos)	10
Contratos de seguros de bens (documentos originais)	5

(continua)

(Quadro 3.3 – conclusão)

Documento	Prazo de guarda (em anos)
Contratos de seguros de pessoas (documentos originais)	20
Contratos previdenciários privados	20
Declaração de Imposto de Renda (Dirf)	5
Livros obrigatórios de escrituração fiscal e comercial	5
Livro diário	Indeterminado, guarda permanente
Livro-razão	10
Títulos de capitalização (documentos originais)	20
Sped contábil (escrituração contábil digital)	Indeterminado, guarda permanente
Plano estratégico financeiro	Não há prazo
Demonstração do Resultado do Exercício e balanços financeiros	5
Histórico bancário	5
Pagamentos diversos	5
Recebimentos diversos	5
Análises de custos	Não há prazo
Orçamentos	Não há prazo, dependendo de acordo entre as partes

Quadro 3.4 – Documentos da área de *marketing* (todos sem prazo)

Documento
Plano de negócio
Plano ou projeto de produto
Pesquisa de mercado
Pesquisa de satisfação
Pesquisa de tendência de consumo

(continua)

(Quadro 3.4 - conclusão)

Documento
Composto mercadológico
Análise de forças de Porter
Planos ou projetos de publicidade ou propaganda
Tabelas de vendas

Quadro 3.5 - Documentos da área de produção (todos sem prazo)

Documento
Cartas de controle
Projeto de produção ou processo
Tabelas de produção
Fluxogramas produtivos
Estudos de Impactos Ambientais (EIAs) da produção ou prestação de serviços
Planejamento logístico
Controles de estoques e almoxarifado
Controle de matéria-prima
Controle de qualidade
Plano de manutenção
Registros de maquinário
Registros de falhas

  Como um ator importante no gerenciamento da informação, o profissional de secretariado deve sistematizar, de modo metodologizado, os dados e as informações relevantes - para si mesmo, quando for o gestor responsável por uma área, ou para o executivo a quem assessora -, em relatórios, minutas ou demonstrativos que facilitem a tomada de decisão.

Para tornar tudo mais claro

» **Relatórios** – São documentos comprobatórios de fatos ou acontecimentos que são registrados ou relatados para que sejam demonstrados como tal; podem ser entendidos também como os relatos dos resultados ou das condições levadas a cabo por um projeto, experiência ou evento.
» **Minuta** – É uma primeira versão ou esboço de um documento que ainda não chegou à sua versão final ou definitiva.
» **Demonstrativo** – É qualquer documento que tenha como objetivo comprovar uma condição existente na organização – independentemente se de área específica ou não –, de modo a conferir autenticidade a fatos a serem demonstrados (inclusive pelo uso de tabelas, quadros, gráficos e congêneres).

Todas as organizações são livres para elaborar seus relatórios, demonstrativos e minutas, mas o profissional de secretariado tende a buscar formas aprimoradas para eles, fazendo uso de técnicas secretariais e de redação e registro secretarial.

Síntese

O profissional de secretariado atua como gestor da informação, ou no seu gerenciamento, com base nas estruturas internas e externas concernentes à organização. As estruturas administrativas internas dizem respeito à forma como a organização funciona em suas atividades e na distribuição do poder e do trabalho. As estruturas administrativas clássicas são:

» cultura;
» *layout*;

- » organograma;
- » funcionograma; e
- » fluxograma.

O ambiente externo também apresenta estruturas importantes no gerenciamento de informações, porque essas estruturas influenciam no funcionamento da organização pelas trocas que realizam com ela. Tais estruturas são:

- » sociedade ou comunidade;
- » mercado;
- » natureza ou meio ambiente; e
- » Estado – no caso brasileiro, é o conjunto formado por União, estados e municípios.

Quanto ao funcionamento do sistema de informação, o profissional de secretariado deve planejar, organizar, controlar e dirigir – na amplitude da responsabilidade e do escopo das tomadas de decisão que lhe foram delegadas – as atividades de aquisição e sistematização de modo metodologizado e arquivístico (ou gestão documental) dos dados, informações e conhecimentos de interesse da empresa. Pode ser o caso, ainda, de ele realizar o gerenciamento da informação de setores específicos.

Compartilhar dados e informações é relevante para a organização, e esse profissional pode ser útil nesse processo. Ao se tornar um elo de comunicação entre as esferas administrativas e os setores ou departamentos da empresa, ele deve fomentar o processo de disseminação do conhecimento, respeitando as regras de acessibilidade e segurança da informação.

Além disso, o profissional deve estar atento às condições legais para o arquivamento de documentos e às características específicas do departamento ou setor em que atua, uma vez que cada um tem peculiaridades na tratativa de documentos e informações. É importante também que conheça tais condições para elaborar relatórios, minutas e demonstrativos que facilitam a tomada de decisão.

Questões para revisão

1. Visto que as organizações tomam decisões e que isso é uma atitude importante em todos os seus níveis internos, indique se as afirmações a seguir são verdadeiras (V) ou falsas (F) e, depois, escolha a alternativa que apresenta a sequência correta:
   ( ) Isoladamente, os dados nada significam; é preciso que tenham significado no contexto da realidade interna ou externa à organização.
   ( ) Quanto mais as estruturas administrativas estiverem organizadas de forma sistematizada e metodologizada, mais fácil será extrair delas informações e dados relevantes para a tomada de decisão.
   ( ) Embora existam, nas organizações, estruturas administrativas específicas, estas podem fornecer dados complementares entre si.
   a) V , V , F.
   b) V , F , V.
   c) V , V , V.
   d) V , F , F.

2. Os ambientes interno e externo à organização se influenciam de forma mútua, independentemente do setor econômico em que ela atue. Assinale a alternativa que faz uma referência correta a essa afirmação:
   a) O ambiente interno busca um equilíbrio com o ambiente externo por meio da homeostasia.
   b) Quanto menor for a influência do ambiente externo sobre o interno, maior será a possibilidade de ocorrer homeostasia.
   c) Quanto maior for a influência do ambiente externo sobre o interno, menor será a possibilidade de ocorrer homeostasia.
   d) O ambiente interno busca sempre se colocar de modo a influenciar minimamente o ambiente externo.

3. De acordo com os princípios que devem ser considerados para se tomar uma decisão acertada, indique se as afirmações a seguir são verdadeiras (V) ou falsas (F) e, depois, escolha a alternativa que apresenta a sequência correta:
   ( ) Os documentos organizacionais contêm dados e informações relevantes para a operacionalização das atividades e, por isso, devem ser arquivados de modo que esses dados e informações estejam protegidos e acessíveis à empresa, podendo ser descartados em função dos prazos legais e parâmetros estabelecidos por ela.
   ( ) Os documentos organizacionais contêm dados e informações sobre a organização e, por isso, devem ser sempre arquivados de modo que estejam seguros e acessíveis; o descarte de documentos nunca é recomendado, pois as informações são sempre vitais à empresa.
   ( ) A validade dos documentos arquivados pela organização é tal que somente são guardados e mantidos seguros os que são exigidos por lei; não se deve manter nenhum outro tipo de informação além daquele exigido pela legislação.
   a) V , F , V.
   b) V , V , F.
   c) F , F , V.
   d) V , F , F.

4. Considere a área de recursos humanos em uma organização. Qual é a razão para o tempo de controle e os prazos de guarda da documentação dessa área?

5. De que forma a arquivística e a gestão documental podem fornecer suporte ao gerenciamento da informação?

Para saber mais

Assista ao filme *Ameaça virtual* (2000). Na trama, um jovem aficionado por informática desiste de abrir o próprio negócio para trabalhar com um importante empresário de sua área. Porém, à medida que exerce suas atividades, percebe que as informações e o conhecimento são estratégicos no mundo corporativo e que a empresa tem uma conduta ilegal.

AMEAÇA virtual. Direção: Peter Howitt. EUA: Metro-Goldwyn--Mayer (MGM), 2000. 110 min.

Recomendamos também a leitura dos seguintes artigos:

BARBOSA, R. R. Gestão da informação e do conhecimento: origens, polêmicas e perspectivas. **Informação & Informação**, Londrina, v. 13, número especial, p. 1-25, 2008. Disponível em: <http://www.uel.br/revistas/uel/index.php/informacao/article/view/1843/1556>. Acesso em: 9 fev. 2015.

VALENTIM, M. L. P. et al. O processo de inteligência competitiva em organizações. **DataGramaZero: Revista de Ciência da Informação**, v. 4, n. 3, jun. 2003. Disponível em: <http://www.dgz.org.br/jun03/Art_03.htm>.

Após a leitura dos textos, discuta com seus colegas sobre a importância da gestão da informação e da gestão do conhecimento nas organizações.

4 Arquivística: bases e funcionamento

Conteúdos do capítulo

» História dos arquivos.
» Conceito de arquivo e de arquivística.
» Legislação.
» Finalidade e função dos arquivos.
» Classificação dos arquivos.

Após o estudo deste capítulo, você será capaz de:

1. compreender a importância dos arquivos para as organizações;
2. diferenciar os conceitos de arquivo;
3. analisar a legislação existente sobre arquivos no Brasil, de acordo com sua área de interesse.

4.1 Conceito de arquivo

Quando pensamos em **arquivo**, é comum vir à nossa mente um grande volume de papéis, a maioria antigos e até amarelados pelo tempo, os quais contam a história de muitas gerações. Por vezes, pensamos em um local com muitos armários e gavetas, onde ficam suspensas as pastas nas quais estão guardados os documentos. Não é isso?

Essas ideias não estão equivocadas, mas o conceito de arquivo vai muito além de papéis e locais de guarda.

4.1.1 Um pouco de história

De acordo com Silva et al., citados por Rondinelli (2011, p. 118), a existência de arquivos pode ser identificada nas civilizações pré-clássicas: "Nas cidades-Estados da Síria e Mesopotâmia foram descobertos alguns dos primeiros arquivos da humanidade". Ainda conforme esses autores, um dos maiores achados de tabuinhas cuneiformes aconteceu na cidade de Ebla, na Síria. Os registros abrangiam o mandato de três soberanos, durante um período estimado de 45 anos, remontando cronologicamente ao século XXIV a.C. No depósito onde eram armazenadas tais tabuinhas, havia uma criteriosa seleção, e a ordenação obedecia a um plano sistemático, de acordo com a funcionalidade dos documentos, fato que nos remete aos planos de classificação atuais.

É interessante observarmos que, na Antiguidade, os arquivos eram compostos pelos primeiros documentos resultantes de atividades exercidas pelo poder constituído e visavam atender exclusivamente à administração. Outra informação interessante diz respeito às pessoas encarregadas dos arquivos: elas eram chamadas de *zeladores de documentos* (Duranti, citado por Rondinelli, 2011, p. 135).

Todavia, para muitos pesquisadores, o conceito de arquivo surgiu na Grécia, nos séculos V e IV a.c. Os atenienses guardavam documentos de valor no templo da mãe dos deuses (Metroon), junto à Corte de Justiça, na praça pública da cidade de Atenas. Tratados, leis, minutas da assembleia popular, entre outros, formavam o acervo desse arquivo (Silva Neto; Maciel, 2012, p. 53).

Por sua vez, Marilena L. Paes, pesquisadora da área, afirma que há dúvidas quanto à origem do termo *arquivo*. A maioria dos estudiosos defende que ele surgiu realmente na Grécia Antiga, com a denominação de *arché*, atribuída ao palácio dos magistrados e, a partir daí, evoluiu para *archeiron*, local de guarda e depósito dos documentos (Paes, 2004, p. 20). Há também quem considere que a palavra *arquivo* seja procedente de *archivum*, que significa o lugar de guarda de documentos e outros títulos.

De acordo com Silva (2014, p. 20), "a origem do[s] Arquivo[s], entendido[s] na acepção natural de conjunto orgânico de informação social, confunde-se com o próprio surgimento da escrita, o que demonstra a ideia de que eles sempre foram encarados como bases e veículos de informação." O autor acrescenta:

> Apesar do reconhecimento sobre a importância dos arquivos, foi somente com a Revolução Francesa que se formalizou, pela primeira vez, o propósito de liberalização do acesso dos Arquivos Públicos à população. A criação de um órgão nacional, especificadamente vocacionado para a superintendência dos Arquivos, foi outro importante contributo da Revolução Francesa. (Silva, 2014, p. 22)

Paes (2004, p. 17) complementa:

> É importante destacar que as definições antigas acentuam o aspecto legal dos arquivos, ou seja, documentos que têm sempre relação com os direitos das instituições e indivíduos. Quando não serviam mais para reivindicar direitos, eram transferidos para museus e bibliotecas. Surge daí a ideia de arquivo administrativo e arquivo histórico.

Passemos agora ao estudo dos termos associados a *arquivos*.

4.1.2 Termos associados a *arquivo*

Como já sabemos, *o arquivo* não é apenas o local de guarda de documentos. Há outras definições associadas ao termo. Você é capaz de identificar quais são? Vejamos algumas.

Arquivo também pode ser definido como: conjunto de documentos; móvel para guarda; local onde o acervo é conservado; órgão governamental ou institucional; e títulos de periódicos (Paes, 2004). As figuras 4.1, 4.2, 4.3, 4.4 e 4.5 ilustram cada um desses casos.

Figura 4.1 – Conjunto de documentos

Crédito: Fotolia

Figura 4.2 – Móvel para guarda

Crédito: Fotolia

Figura 4.3 – Local onde o acervo é conservado

Crédito: Fotolia

Figura 4.4 – Órgão governamental ou institucional (Arquivo Público do Paraná)

Crédito: Francis Beheregaray

Figura 4.5 – Títulos de periódicos

É muito importante compreendermos as diferentes definições de *arquivo*, sem nos esquecer de que, com o passar do tempo, essa concepção mudou, a fim de atender às demandas da sociedade. De acordo com Rodrigues (2006, p. 104),

> Fatores tais como a finalidade dos arquivos ou os suportes utilizados já foram considerados como definidores do arquivo e, hoje, não o são mais. Menne-Haritz (1994) aponta o surgimento dos documentos eletrônicos como o evento que permitiu ao arquivista entender que o que o motiva a avaliar os documentos não são problemas de espaço ou custo para o armazenamento, mas, segundo a autora, é a redundância de informações.

Como é muito fácil produzir um novo documento, também é bem grande a possibilidade de haver vários deles sobre o mesmo assunto – ou, por que não dizer, o mesmo documento. Isso sem contar que, diariamente, as pessoas entram em contato com uma ampla gama de informações propiciadas simultaneamente pelo alcance e pela agilidade da internet. Produzir e avaliar informações realmente importantes para determinado contexto torna-se, assim, um desafio cada vez maior.

Uma vez que o nosso assunto são os desafios contemporâneos, que tal examinarmos a definição utilizada atualmente para *arquivo*? Acompanhe a discussão dos tópicos a seguir.

4.1.3 Definição de *arquivo* na contemporaneidade

O conceito de arquivo adotado contemporaneamente, instituído por Solon Buck, ex-arquivista norte-americano, é o seguinte, conforme Paes (2004, p. 19):

> "Arquivo é o conjunto de documentos oficialmente produzidos e recebidos por um governo, organização ou firma, no decorrer de suas atividades, arquivados e conservados por si e seus sucessores para efeitos futuros".

Outra definição interessante nos é apresentada por López Yepes, no *Manual de Ciencias de la Documentación*, e citada por Silva Neto e Maciel (2012, p. 54):

> "Un archivo es un conjunto de documentos en que la información tiene una garantía de credibilidad, de autenticidad y de rigor en el proceso de creación de estos documentos".

Silva Neto e Maciel (2012, p. 54) também apresentam a conceituação proposta por Santos e Ribeiro, autores que vão mais longe ao afirmarem:

"Arquivo é um conjunto de registros relacionados, tratados como um todo. Principal depósito de informações, organizadas de tal maneira que possibilitem sua recuperação por meios predeterminados; grupos de dados gravados ou em qualquer outro suporte de armazenamento".

Por fim, de acordo com a Lei n. 8.159, de 8 de janeiro de 1991 (Brasil, 1991), *arquivos* são assim definidos:

"Art. 2º [...] conjuntos de documentos produzidos e recebidos por instituições de caráter público e entidades privadas, em decorrência do exercício de atividades específicas, bem como por pessoa física, qualquer que seja o suporte da informação ou a natureza dos documentos".

Muito bem, agora que já vimos a origem e o conceito de arquivo, é importante compreendermos que ele não deve ser confundido com **biblioteca**, visto que as operações destinadas ao tratamento técnico da informação são distintas nos dois casos.

De acordo com o professor Darlan Eterno (2015): "As bibliotecas são formadas essencialmente por documentos impressos, de tiragem múltipla. Os livros são adquiridos por compra, permuta ou doação, formando coleções reunidas pelo assunto, com finalidade cultural, técnica e científica". Por outro lado, os documentos de arquivo se constituem com base nas atividades desempenhadas por quem os produz; ao contrário dos livros, são impressos como exemplar único ou em quantidade reduzida, a fim de atender ao número de destinatários envolvidos.

A reunião dos conjuntos documentais provenientes da mesma origem produtora é chamada de **fundos**, os quais podem apresentar-se em diferentes suportes, como o audiovisual, o textual e o informático.

Nessa diferenciação, inserimos também o conceito de **museu**, que, por vezes, também pode ser confundido com o de arquivo.

> "[Museu] é uma instituição de interesse público, criada com a finalidade de conservar, estudar e colocar à disposição do público conjuntos de peças e objetos de valor cultural" (Paes, 2004, p. 16).

Uma diferença importante entre arquivo, biblioteca e museu diz respeito à sua **finalidade**: a do arquivo é **funcional**, enquanto a da biblioteca e do museu é **cultural**. Isso não impede que, com o passar do tempo, o arquivo também adquira caráter cultural, considerando-se suas características históricas.

No Quadro 4.1, apresentamos uma comparação entre as características de arquivo e as de biblioteca.

Quadro 4.1 – Quadro comparativo: arquivo e biblioteca

Características	Arquivo	Biblioteca
Tipo de suporte	Documentos manuscritos, audiovisuais (exemplar único ou em número reduzido)	Documentos impressos e audiovisuais (exemplares múltiplos)
Finalidade	Funcional	Cultural, técnica ou científica
Tipo de conjunto	Fundos: unidos pela origem	Coleção: unidos pelo conteúdo
Entrada de documentos	Acumulação natural: são produzidos em decorrência do desempenho das atividades administrativas da instituição	Compra, permuta e doação

Fonte: Eterno, 2015.

Devemos estudar diversos outros conceitos relacionados a arquivos, como finalidade, função, classificação e estágios. No entanto, antes de partirmos para essa análise, é preciso discorrermos brevemente sobre a teoria que embasa toda a organização dos arquivos: a arquivística.

4.2 Arquivística

Também chamada de *arquivologia*, a arquivística é a ciência e disciplina que tem como objetivo gerenciar todas as informações que possam ser registradas em documentos de arquivos. Ela pode ser entendida como um conjunto de princípios, conceitos e técnicas a serem observados na produção, organização, guarda, preservação e uso de documentos em arquivos.

É interessante destacarmos que a arquivologia evoluiu da diplomática, definida como:

> Um corpo de conceitos e métodos, originalmente desenvolvidos nos séculos XVII e XVIII, com o objetivo de provar a fidedignidade e a autenticidade dos documentos. Ao longo do tempo, ela evoluiu para um sistema sofisticado de ideias sobre a natureza dos documentos, sua origem, composição, suas relações com ações e pessoas a eles conectados e com seu contexto organizacional, social e legal. (Duranti; MacNeil, 1996, citados por Rondinelli, 2002, p. 46)

Então, é possível diferenciarmos diplomática de arquivologia, com base em seus objetivos:

- **Diplomática** – Tem a intenção de verificar a autenticidade dos documentos arquivísticos (documentos isolados).
- **Arquivologia** – Visa controlar e comunicar, de maneira contextualizada, os documentos arquivísticos (conjunto de documentos).

Com o passar do tempo, a arquivologia foi sendo desenvolvida e, na segunda metade do século XVIII, foram registrados, de acordo com Rondinelli (2002), cinco momentos importantes para a história dessa ciência:

1. a criação do Arquivo Nacional da França, em 1789;
2. a criação, também na França, em 1821, da École Nationale des Chartes, a qual fortaleceu a arquivologia como ciência que trata dos arquivos;
3. a promulgação, em 1841, do **princípio da proveniência**, pelo historiador e arquivista francês Natalis du Wailly, determinando que os documentos fossem reunidos por fundos, ou seja, seus órgãos de origem. Em 1964, durante o V Congresso Internacional de Arquivos, esse princípio, que já vinha sendo utilizado, foi então consagrado de forma definitiva;
4. o aumento do volume de produção de documentos após o fim da Segunda Guerra, o que fez surgir o conceito de **gestão de documentos**, dinamizando a concepção de arquivo;
5. a ampliação dos documentos eletrônicos a partir de 1980, o que provocou uma revisão dos princípios e métodos adotados até então.

A arquivologia é fortemente embasada em princípios, e é justamente isso que a diferencia de outras ciências no tratamento dado à documentação. Segundo Bellotto (2002, p. 20-21), são cinco os princípios da arquivística:

1. **Princípio da proveniência**: fixa a identidade do documento, relativamente a seu produtor. Por este princípio, os arquivos devem ser organizados em obediência à competência e às atividades da instituição ou pessoa legitimamente responsável pela produção, acumulação ou guarda dos documentos. Arquivos originários de

uma instituição ou de uma pessoa devem manter a respectiva individualidade, dentro de seu contexto orgânico de produção, não devendo ser mesclados a outros de origem distinta.

2. **Princípio da organicidade**: as relações administrativas orgânicas se refletem nos conjuntos documentais. A organicidade é a qualidade segundo a qual os arquivos espelham a estrutura, funções e atividades da entidade produtora/acumuladora em suas relações internas e externas.

3. **Princípio da unicidade**: não obstante forma, gênero, tipo ou suporte, os documentos de arquivo conservam seu caráter único, em função do contexto em que foram produzidos.

4. **Princípio da indivisibilidade ou integridade**: os fundos de arquivo devem ser preservados sem dispersão, mutilação, alienação, destruição não autorizada ou adição indevida.

5. **Princípio da cumulatividade**: o arquivo é uma formação progressiva, natural e orgânica. [grifo nosso]

Como afirma Bellotto (2002), todos esses princípios devem estar na raiz da organização e do funcionamento dos arquivos. Com isso, e tendo como base uma teoria e uma metodologia corretas, os arquivos cumprirão sua finalidade e existência.

Outro marco que merece destaque na área é a publicação, no Brasil, do Decreto n. 82.590, de 6 de novembro de 1978 (Brasil, 1978), o qual regulamenta a profissão de arquivista. A partir de então, podemos encontrar editais de vários concursos públicos para o provimento desse cargo.

Como vemos, assim como a profissão de secretário(a) é regulamentada, a de arquivista também o é, o que significa uma consolidação das duas áreas. Devemos destacar ainda que, embora sejam profissões distintas, por vezes se complementam, considerando-se que o profissional de secretariado, no âmbito de suas atribuições, assume o desafio de constantemente gerenciar documentos e informações. Assim, conhecer um pouco sobre a legislação vigente e os organismos responsáveis pelo Arquivo Nacional é fundamental para que o profissional dessas áreas possa desempenhar essas tarefas de maneira eficaz.

4.3 Legislação e contexto histórico

No Brasil, a política de arquivos públicos e privados é gerenciada pelo Conselho Nacional de Arquivos (Conarq). De caráter colegiado, ele se vincula ao Arquivo Nacional, subordinado ao Ministério da Justiça, e tem como finalidade definir a política nacional de arquivos públicos e privados, como órgão central do Sistema Nacional de Arquivos, bem como exercer orientação normativa visando à gestão documental e à proteção especial aos documentos de arquivo.

A Constituição Federal de 1988 (Brasil, 1988) e, particularmente, a Lei n. 8.159, de 8 de janeiro de 1991, que dispõe sobre a política nacional de arquivos públicos e privados (Brasil, 1991), delegaram ao Poder Público essas responsabilidades, consubstanciadas pelo Decreto n. 4.073, de 3 de janeiro de 2002 (Brasil, 2002a), que consolidou os decretos anteriores – Decreto n. 1.173, de 29 de junho de 1994 (Brasil, 1994); Decreto n. 1.461, de 25 de abril de 1995 (Brasil, 1995); Decreto n. 2.182, de 20 de março de 1997 (Brasil, 1997); e Decreto n. 2.942, de 18 de janeiro de 1999 (Brasil, 1999). De acordo com esses dispositivos legais, as ações que visam à consolidação da Política Nacional de Arquivos devem ser emanadas do Conarq (Conarq, 2015).

Com o passar do tempo, dado o avanço das tecnologias da comunicação e da informação, a legislação que regula as questões relacionadas aos arquivos têm sofrido frequentes adaptações, a fim de assegurar a veracidade e a segurança dos documentos produzidos, tanto na forma digital quanto os que são transferidos para esse meio utilizando-se técnicas específicas, como a microfilmagem.

Como não temos aqui a pretensão de discutir toda a legislação vigente, indicaremos aquelas normas que interessam diretamente aos profissionais que, como o(a) secretário(a), têm entre suas atividades a responsabilidade pela gestão de arquivos. Recomendamos também a leitura das leis mencionadas. São elas:

» **Lei n. 8.159, de 8 de janeiro de 1991** – Aborda o conceito de **arquivo**, bem como o de **gestão documental**, e a importância destes para a Administração Pública (Brasil, 1991).

» **Lei n. 12.527, de 18 de novembro de 2011** – Essa lei, de acordo com a Cartilha de Orientação ao Cidadão, de autoria da Câmara dos Deputados (Brasil, 2012, p. 5, grifo do original),

representa um grande avanço na trajetória democrática brasileira. Denominada "Lei de Acesso à Informação", essa norma vem ampliar a transparência das atividades de cada um dos poderes do Estado, em todos os níveis.

O princípio da nova lei é simples: **as informações referentes à atividade do Estado são públicas**, salvo exceções expressas na legislação. A Lei regulamenta o direito à informação garantido pela Constituição Federal, obrigando os órgãos públicos a considerar a publicidade como regra e o sigilo como exceção. São seus objetivos, portanto, fomentar o desenvolvimento de uma cultura de transparência e o controle social na Administração Pública. Para isso, a divulgação de informações de interesse público ganha procedimentos, a fim de facilitar e agilizar o acesso por qualquer pessoa, inclusive com o uso da tecnologia da informação.

Como a Lei n. 12.527/2011 trata do acesso à informação – essa é uma lei de conhecimento obrigatório para quem trabalha na Administração Pública ou em empresas que mantenham relação direta com o governo –, em seu art. 24 ela apresenta a classificação das informações, também essencial para quem se relaciona com a gestão de arquivos públicos:

Art. 24. A informação em poder dos órgãos e entidades públicas, observado o seu teor e em razão de sua imprescindibilidade à segurança da sociedade ou do Estado, poderá ser classificada como **ultrassecreta**, **secreta** ou **reservada**.

§ 1º Os prazos máximos de restrição de acesso à informação, conforme a classificação prevista no caput, vigoram a partir da data de sua produção e são os seguintes:

I - ultrassecreta: 25 (vinte e cinco) anos;

II - secreta: 15 (quinze) anos; e

III - reservada: 5 (cinco) anos.

§ 2º As informações que puderem colocar em risco a segurança do Presidente e Vice-Presidente da República e respectivos cônjuges e filhos(as) serão classificadas como reservadas e ficarão sob sigilo até o término do mandato em exercício ou do último mandato, em caso de reeleição.

§ 3º Alternativamente aos prazos previstos no § 1o, poderá ser estabelecida como termo final de restrição de acesso a ocorrência de determinado evento, desde que este ocorra antes do transcurso do prazo máximo de classificação.

§ 4º Transcorrido o prazo de classificação ou consumado o evento que defina o seu termo final, a informação tornar-se-á, automaticamente, de acesso público.

§ 5º Para a classificação da informação em determinado grau de sigilo, deverá ser observado o interesse público da informação e utilizado o critério menos restritivo possível, considerados:

I - a gravidade do risco ou dano à segurança da sociedade e do Estado; e

II - o prazo máximo de restrição de acesso ou o evento que defina seu termo final. (Brasil, 2011, grifo nosso)

» **Lei n. 12.682, de 9 de julho de 2012** – Dispõe sobre a elaboração e o arquivamento de documentos em meios eletromagnéticos (Brasil, 2012b).

» **Lei n. 12.965, de 23 abril de 2014** – Estabelece princípios, garantias, direitos e deveres para o uso da internet no Brasil, relacionados ao comportamento dos usuários e das empresas dentro da World Wide Web (literalmente, "rede mundial de computadores"). Destaca os direitos e deveres de cada um quanto ao funcionamento da internet com segurança, privacidade e neutralidade, considerando-se ainda os direitos e as garantias individuais presentes na Constituição Federal de 1988.

Além da legislação, não podemos esquecer que existem também os organismos de classes, como o Conselho Regional de Medicina (CRM) e o Conselho Regional de Contabilidade (CRC), entre outros, que também têm orientações específicas em relação à guarda e à preservação de documentos das respectivas áreas.

Lembramos que existem outras leis tão importantes quanto as que apresentamos aqui. Todavia, nossa intenção é justamente mostrar o caminho e instigar o seu interesse, leitor, com base na sua atuação profissional.

Você sabia?

As instituições de ensino também devem ter um cuidado especial com a gestão de documentos. A Portaria n. 255, de 20 de dezembro de 1990 (Brasil, 1990), trata desse assunto, mas recentemente a Portaria n. 1.224, de 18 de dezembro de 2013 (Brasil,

2013a), e a Portaria n. 1.261, de 23 de dezembro de 2013 (Brasil, 2013b), mobilizaram as instituições de ensino superior privadas, considerando-se que a gestão do acervo passou a ser também um componente de avaliação do Ministério da Educação (MEC) para fins de credenciamento e recredenciamento delas.

Agora que já apresentamos o contexto histórico dos arquivos, bem como os principais pontos de sua base legal, que tal examinarmos alguns conceitos que fundamentam a **gestão de documentos**? Vamos começar apresentando o conceito do seu objeto de guarda: o **documento**. A pesquisadora Rosely C. Rondinelli, em sua tese de doutorado intitulada *O conceito de documento arquivístico frente à realidade digital: uma revisitação necessária*, apresenta-nos diferentes e complementares conceitos de autores dedicados ao estudo da arquivologia, conforme podemos observar no Quadro 4.2.

Quadro 4.2 – Conceitos de documento com base em autores da área de arquivologia

Cortes Alonso	Registro da atividade humana.
Heredia Herrera	Registro de informação em qualquer forma, ou seja, tudo o que pode transmitir conhecimento.
Martín-Pozuelo Campillos	Ferramenta de transmissão do conhecimento.
Rodríguez Bravo	Portador de mensagem entendida como informação em potencial; dotado de função comunicativa.
Luciana Duranti	Informação registrada em um suporte, dotada de forma e de sintaxe, a ser comunicada no tempo e no espaço.

Fonte: Elaborado com base em Rondinelli, 2011.

A mesma autora também nos traz em sua tese a definição de *documento*, com base em alguns dicionários e glossários da área arquivística, como podemos ver no Quadro 4.3.

Quadro 4.3 – Conceitos de documento com base em dicionários e glossários

Camargo; Bellotto (1996, p. 28)	"Unidade constituída pela informação e seu suporte".
Arquivo Nacional (2005, p. 7)	"Unidade de registro de informações, qualquer que seja o suporte ou o formato".
Duranti; Preston (2008, p. 811)	"Uma unidade indivisível de informação constituída por uma mensagem fixada num suporte (registrada) com uma sintática estável. Um documento tem forma fixa e conteúdo estável".
Pearce-Moses (2005)	"1. Qualquer trabalho escrito ou impresso [...]. – 2. Informação ou dado fixado em um suporte. – 3. Informação ou dado fixado em um suporte o qual não faz parte do documento oficial [...]. – 4. Um trabalho escrito ou impresso de natureza legal ou oficial que pode ser usado como evidência ou prova [...]".
Arma International - Association of Records Managers and Administrators (2009)	"Informação registrada ou objeto que pode ser tratado como uma unidade".
International Council of Archives (2010)	"Informação registrada independentemente do suporte e características".

Fonte: Elaborado com base em Rondinelli, 2011, p. 53.

Nos instrumentos apresentados, é possível observarmos a menção recorrente ao suporte como base física do documento ou como material necessário ao registro da informação, exatamente como constatamos nas definições dos autores anteriormente contempladas. Vale destacarmos:

> **suporte** é a base na qual a informação é registrada, como papel, *pen drive*, HD e CD.

É importante lembrarmos que o **suporte somente pode ser considerado documento quando nele estiver registrada alguma informação que mereça ser considerada como tal**. Agora que já vimos o que é um documento, vamos tratar da finalidade e da função de um arquivo.

4.4 Finalidade e função dos arquivos

De acordo com Paes (2004, p. 20), a principal **finalidade** dos arquivos "é servir a administração constituindo-se, com o decorrer do tempo, em base do conhecimento da história". Guimarães (2015) complementa ao afirmar que

> Os arquivos servem à administração, pois fornecem informações e documentos necessários ao desenvolvimento das atividades. Em seu aspecto histórico, fornecem informações e/ou documentos para reconstituir ou escrever a história política, social ou econômica de uma nação. Também servem de memória de uma empresa e constituem uma importante fonte de pesquisa.

Por outro lado, a **função** básica do arquivo consiste em tornar disponíveis, de maneira rápida e precisa, as informações contidas no acervo sob sua guarda.

Para que os documentos possam desempenhar sua função, é primordial que estejam dispostos de forma a servir o usuário com rapidez e precisão. Podemos afirmar que, nas organizações, as principais funções do arquivo são:

» organizar – colocar em ordem;
» classificar – determinar o tipo de documento;
» preservar – guardar em segurança;
» facilitar a consulta – agilizar a localização.

Visto isso, passemos à classificação dos arquivos.

4.5 Classificação dos arquivos

Dependendo do aspecto sob o qual os arquivos são estudados, eles podem ser classificados conforme:

» as entidades mantenedoras;
» os estágios de sua evolução;
» a extensão de sua atuação;
» a natureza dos documentos.

Nos tópicos seguintes, detalhamos esses quatro aspectos.

4.5.1 Entidades mantenedoras

Conforme as características da entidade acumuladora de documentos, estes podem ser divididos em vários tipos, conforme ilustra a Figura 4.6.

Quadro 4.6 – Entidades mantenedoras

Públicos	Federal	Central
		Regional
	Estadual	
	Municipal	
Institucionais	Instituições educacionais	
	Igrejas	
	Corporações não lucrativas	
	Sociedades, associações	
Comerciais	Firmas	
	Corporações	
	Companhias	
Familiais ou pessoais		

Fonte: Paes, 2004, p. 21.

4.5.2 Estágios de evolução

Conforme os estágios de sua evolução, os arquivos podem ser classificados em:

» arquivo de primeira idade ou corrente;
» arquivo de segunda idade ou intermediário;
» arquivo histórico ou permanente.

A classificação dos documentos arquivísticos em correntes, intermediários e permanentes foi denominada por Jean-Jacques Valette de *teoria das três idades*:

   a. **arquivos correntes ou de primeira idade**: são aqueles em curso, ou que, mesmo sem movimentação, constituam objeto de consultas frequentes. São conservados nos escritórios ou próximos das áreas que o produziram, justamente para facilitar o acesso.

b. **arquivos intermediários ou de segunda idade**: são aqueles que, não sendo frequentemente consultados, ou seja, de uso corrente nos órgãos produtores, por razões de interesse administrativo, aguardam a sua eliminação ou recolhimento para guarda permanente. A permanência dos documentos nesses arquivos é transitória. Por ter essa característica, são também chamados de limbo ou purgatório.

c. **arquivos permanentes ou de terceira idade**: conjuntos de documentos de valor histórico, probatório e informativo que devem ser definitivamente preservados (Lei n. 8.159/91, art. 8º). É constituído de documentos que perderam todo valor de natureza administrativa, que se conservam em razão de seu valor histórico ou documental e que constituem os meios de conhecer o passado e sua evolução. (Paes, 2004, p. 21, grifo nosso)

Assim, cada estágio exige uma forma diferente de conservar, organizar e tratar a documentação.

4.5.3 Extensão de atuação

Segundo a sua extensão, os arquivos podem ser:

» **Setoriais** – São aqueles estabelecidos nos setores de trabalho de uma empresa, cumprindo a função de arquivo corrente.
» **Gerais ou centrais** – São aqueles que reúnem sob sua guarda documentos provenientes de diversos setores de uma instituição, centralizando, portanto, as atividades do arquivo corrente.

4.5.4 Natureza dos documentos

Por fim, quanto à natureza dos documentos, temos a seguinte classificação:

» **Arquivo especial** – Guarda documentos de variadas formas físicas, como discos, fitas, disquetes, fotografias, microformas (fichas microfilmadas), *slides*, filmes e outros; estes merecem tratamento adequado não apenas quanto ao armazenamento, mas também quanto ao registro, acondicionamento, controle e conservação.

» **Arquivo especializado** – Tem sob sua guarda os documentos de determinado assunto, de um campo específico, como o hospitalar, o da medicina, o da engenharia e o da imprensa, entre outros, ou seja, é constituído por documentos resultantes de uma determinada área do conhecimento humano, independentemente do suporte onde a informação está registrada. São chamados, inadequadamente, de *arquivos técnicos* (Paes, 2004, p. 23).

Nunca é demais reforçarmos que, embora um arquivo possa assumir diferentes formatos dependendo da organização que o mantém, ele jamais poderá deixar de cumprir sua **finalidade** e sua **função**.

Síntese

Neste capítulo, percorremos um interessante caminho teórico sobre o conceito de arquivo, desde a sua origem até a legislação pertinente na contemporaneidade. Abordamos também os cinco princípios da arquivística: proveniência; organicidade; unicidade; indivisibilidade ou integridade; e cumulatividade. Lembramos que eles sempre devem ser a base para a constituição de um arquivo.

Para finalizar, definimos a finalidade, a função e a classificação dos arquivos, as quais acreditamos ser fundamentais para compreendermos a importância que estes assumem na tomada de decisão em qualquer esfera administrativa.

Questões para revisão

1. (FGV – 2013 – FBN) A partir dos estágios de sua evolução, os arquivos podem ser classificados em:
   a) setoriais e gerais.
   b) públicos e privados.
   c) correntes, intermediários e permanentes.
   d) administrativos, jurídicos e culturais.

2. (FGV – 2013 – FBN) Os arquivos, ao serem analisados a partir da natureza dos documentos que os constituem, podem ser classificados como:
   a) correntes, intermediários e permanentes.
   b) tipológicos, especiais e documentais.
   c) textuais, iconográficos e digitais.
   d) especiais e especializados.

3. A função básica do arquivo consiste em tornar disponíveis, de maneira rápida e precisa, as informações contidas no acervo sob sua guarda. Nas organizações, podemos afirmar que a(s) principal(is) função(ões) do arquivo é:
   a) disponibilizar as informações a todos os que as solicitarem.
   b) organizar, classificar e preservar documentos de qualquer espécie e valor.
   c) organizar, classificar, preservar e facilitar a consulta.
   d) facilitar a consulta, independentemente do grau de sigilo das informações.

4. Quais são as principais diferenças entre arquivo, biblioteca e museu?

5. (Adaptada de Fundação Cesgranrio – 2008 – BNDES) Ainda hoje, a documentação arquivística, em sua maioria, pode ser

caracterizada como convencional, por tratar basicamente de registros probatórios suportados em papel. A esse papel pode-se chamar de *documento*, que deve ser o objeto de atuação da arquivologia, enquanto parte de um conjunto orgânico. Segundo Bellotto (2004), essa organicidade esclarece a diferença entre os conjuntos documentais arquivísticos e as coleções características das bibliotecas e dos centros de documentação. Assim, os conjuntos documentais devem ser arranjados visando atingir a indispensável organicidade. Nesse sentido, que princípio arquivístico deve ser observado e qual é a sua essência?

Para saber mais

Para conhecer mais sobre a terminologia arquivística, ou seja, sobre os principais termos utilizados na área da gestão de arquivos, visite o *site* do Arquivo Nacional e conheça a obra: *Subsídios para um dicionário brasileiro de terminologia arquivística*:

ARQUIVO NACIONAL. **Subsídios para um dicionário brasileiro de terminologia arquivística**. Rio de Janeiro, 2004. Disponível em: <http://www.arquivonacional.gov.br/download/dic_term_arq.pdf>. Acesso em: 9 fev. 2015.

Um filme bem interessante é *O nome da rosa*, uma adaptação para o cinema da obra do italiano Umberto Eco. A história se passa na Idade Média europeia e retrata, além de outros aspectos, o domínio da Igreja sobre as informações.

O NOME da Rosa. Direção: Jean-Jacques Annaud. Alemanha/França/Itália: 20th Century Fox Film Corporation/Warner Bros, 1986. 131 min.

5 Gestão de documentos e arquivística: responsabilidades do profissional de secretariado

Conteúdos do capítulo

- » Gestão de documentos.
- » Tabela de temporalidade.
- » Métodos de arquivamento.
- » Protocolo.
- » Classificação dos documentos.
- » Classificação da correspondência.
- » Organização dos arquivos.
- » Posição do arquivo na estrutura da instituição.
- » Equipamentos e instalações.

Após o estudo deste capítulo, você será capaz de:

1. compreender as fases da gestão de documentos;
2. elaborar uma tabela de temporalidade;
3. classificar os documentos que estiverem sob sua responsabilidade;
4. identificar um método capaz de atender às necessidades de cada empresa;
5. garantir a segurança dos documentos que estiverem sob sua gestão.

5.1 Gestão de documentos

Gerenciar a documentação, seja de forma eletrônica, seja com o manuseio de documentos impressos, é um desafio para qualquer organização, pública ou privada. Nesse contexto, a responsabilidade do profissional de secretariado está diretamente relacionada ao que se denomina *gestão de documentos*, pois:

> Como profissionais que trabalham ao lado do poder decisório, é desafio das secretárias saber 'gerenciar', com qualidade e agilidade, todo o fluxo de informações da sua área de atuação. Antes de conhecer, utilizar e otimizar o emprego da tecnologia, como suporte nesse gerenciamento, é indispensável entender o conceito e o quanto ele valoriza a profissional secretária. (Garcia; D'Elia, 2005, p. 48)

E você, sabe em que consiste a gestão de documentos? De acordo com a Lei n. 8159, de 8 de janeiro de 1991,

> Art. 3º Considera-se gestão de documentos o conjunto de procedimentos e operações técnicas referentes a sua produção, tramitação, uso, avaliação e arquivamento em fase corrente e intermediária, visando a sua eliminação ou recolhimento para guarda permanente. (Brasil, 1991)

As soluções de gestão documental podem ser aplicadas a qualquer área funcional, como administrativa, financeira, de contabilidade, da qualidade, de produção, jurídica, de *marketing*, de desenvolvimento e de gestão de pessoas.

Cada uma dessas áreas produz documentos específicos, como vimos anteriormente, os quais devem ser conservados a fim de cumprir a função para a qual foram produzidos.

No que diz respeito à gestão de documentos, destacamos três fases básicas desse processo – produção, utilização e destinação –, as quais descrevemos a seguir.

5.1.1 Produção

A fase de produção refere-se à **elaboração** dos documentos, em decorrência das atividades de um órgão ou setor. Nessa fase, é preciso que:

» sejam criados apenas documentos essenciais; e
» seja evitada a duplicação.

Também é nessa fase que podem ser feitas algumas sugestões para o aperfeiçoamento do processo de gestão de arquivos, tais como:

» propor a criação ou a extinção de modelos e formulários;
» opinar sobre a escolha de materiais;
» selecionar os recursos humanos; e
» estudar os recursos informáticos.

Visto isso, passemos à fase de utilização da gestão documental.

5.1.2 Utilização

A fase de utilização inclui as atividades de **protocolo**, entre as quais destacamos: recebimento, classificação, registro, distribuição e tramitação.

Também podemos inserir aqui as atividades de expedição, organização e arquivamento de documentos em fase corrente ou intermediária, bem como a elaboração de normas de acesso e a recuperação da informação (Paes, 2004, p. 54).

5.1.3 Avaliação e destinação

A fase de avaliação e destinação talvez seja a mais complexa das fases da gestão documental, pois consiste em:

- » analisar e avaliar;
- » estabelecer os prazos de guarda; e
- » determinar o que será arquivado e o que será eliminado.

Um instrumento importante para essa fase é a chamada *tabela de temporalidade*, tema da próxima seção.

5.2 Tabela de temporalidade

De acordo com o documento *Classificação, temporalidade e destinação de documentos de arquivo relativos às atividades-meio da Administração Pública*, elaborado pelo Conselho Nacional de Arquivos – Conarq (2001, p. 43), a tabela de temporalidade

> é um instrumento arquivístico resultante de avaliação, que tem por objetivos definir prazos de guarda e destinação de documentos, com vistas a garantir o acesso à informação a quantos dela necessitem. Sua estrutura básica deve necessariamente contemplar os conjuntos documentais produzidos e recebidos por uma instituição no exercício de suas atividades, os prazos de guarda nas fases corrente e intermediária, a destinação final – eliminação ou guarda permanente –, além de um campo para observações necessárias à sua compreensão e aplicação.

A seguir, apresentamos as diretrizes para a correta utilização desse instrumento, também de acordo com o Conarq (2001, p. 43-46, grifo do original):

> 1. **Assunto**
>
> Neste campo são apresentados os conjuntos documentais produzidos e recebidos, hierarquicamente distribuídos de acordo com as funções e atividades desempenhadas pela instituição. [...] Como instrumento auxiliar, pode ser utilizado o **índice**, que contém os conjuntos documentais ordenados alfabeticamente para agilizar a sua localização na tabela.

2. Prazos de guarda

Referem-se ao tempo necessário para arquivamento dos documentos nas fases corrente e intermediária, visando atender exclusivamente às necessidades da administração que os gerou, mencionado, preferencialmente, em anos. [...] Entretanto, deve ser objetivo e direto na definição da ação – exemplos: até aprovação das contas; até homologação da aposentadoria; e até quitação da dívida.

O prazo estabelecido para a fase corrente relaciona-se ao período em que o documento é frequentemente consultado, exigindo sua permanência junto às unidades organizacionais. A fase intermediária relaciona-se ao período em que o documento ainda é necessário à administração, porém com menor frequência de uso, podendo ser transferido para depósito em outro local, embora à disposição desta. [...]

3. Destinação final

Neste campo, é registrada a destinação estabelecida, que pode ser a **eliminação**, quando o documento não apresenta valor secundário (probatório ou informativo) ou a **guarda permanente**, quando as informações contidas no documento são consideradas importantes para fins de prova, informação e pesquisa.

A guarda permanente será sempre nas instituições arquivísticas públicas (Arquivo Nacional e arquivos públicos estaduais, do Distrito Federal e municipais), responsáveis pela preservação dos documentos e pelo acesso às informações neles contidas. Outras instituições poderão manter seus arquivos permanentes, seguindo orientação técnica dos arquivos públicos, garantindo o intercâmbio de informações sobre os respectivos acervos.

4. Observações

Neste campo são registradas informações complementares e justificativas, necessárias à correta aplicação da tabela. Incluem-se, ainda, orientações quanto à alteração do suporte da informação e aspectos elucidativos quanto à destinação dos documentos, segundo a particularidade dos conjuntos documentais avaliados.

3- METODOLOGIA PARA ELABORAÇÃO

Para a elaboração da tabela de temporalidade, há que se observar os princípios da **teoria das três idades**, que define parâmetros gerais para arquivamento e destinação dos documentos de arquivo. O processo de avaliação deve considerar a **função** pela qual foi criado o documento, identificando os **valores** a ele atribuídos (primário ou secundário), segundo o seu potencial de uso.

O valor primário refere-se ao uso administrativo para o órgão, razão primeira da criação do documento, o que pressupõe o estabelecimento de prazos de guarda ou retenção anteriores à eliminação ou ao recolhimento para guarda permanente. Relaciona-se, portanto, ao período de utilidade do documento para o cumprimento dos fins administrativos, legais ou fiscais. O valor secundário refere-se ao uso para outros fins que não aqueles para os quais os documentos foram criados, podendo ser:

a. **Probatório** – quando comprova a existência, o funcionamento e as ações da instituição;

b. **Informativo** – quando contém informações essenciais sobre matérias com que a organização lida, para fins de estudo ou pesquisa [...].

A metodologia de elaboração da tabela de temporalidade fundamenta-se nas funções e nas atividades desempenhadas pelos órgãos públicos, tomando como base o conteúdo da informação contida nos documentos, pois somente dessa maneira é possível realizar a análise e a seleção documental com racionalidade e segurança. No Quadro 5.1, temos um exemplo de tabela de temporalidade.

O documento completo contém 200 páginas e você pode acessá-lo no endereço eletrônico indicado a seguir.

Quadro 5.1 – Exemplo de tabela de temporalidade

Assunto	Prazos de guarda		Destinação final	Observações
	Fase corrente	Fase intermediária		
000 Administração geral				
001 Modernização e reforma administrativa: projetos, estudos e normas	Enquanto vigora	5 anos	**Guarda permanente**	
002 Planos, programas e projetos de trabalho	5 anos	9 anos	Guarda permanente	
003 Relatórios de atividades	5 anos	9 anos	Guarda permanente	São passíveis de eliminação os relatórios cujas informações encontram-se recapituladas em outros.
004 Acordos, ajustes, contratos, convênios	Enquanto vigora	10 anos	Guarda permanente	

(continua)

Assunto	Prazos de guarda		Destinação final	Observações
	Fase corrente	Fase intermediária		
010 Organização e funcionamento: normas, regulamentações, diretrizes, procedimentos, estudos e/ou decisões de caráter geral	Enquanto vigora	5 anos	Guarda permanente	
010.1 Registro nos órgãos competentes	Enquanto vigora		Eliminação	
010.2 Regimentos, regulamentos, estatutos, organogramas, estruturas	Enquanto vigora	5 anos	Guarda permanente	Os originais dos atos publicados integrarão os arquivos dos gabinetes do presidente da República, governadores e prefeitos, cuja temporalidade será definida quando da elaboração de tabela específica para suas atividades-fim.
010.3 Audiências, despachos, reuniões	2 anos		Eliminação	

(Quadro 5.1 – continuação)

Assunto	Prazos de guarda		Destinação final	Observações
	Fase corrente	Fase intermediária		
011 Comissões, conselhos, grupos de trabalho, juntas, comitês	4 anos	5 anos	Eliminação	
Atos de criação, atas, relatórios	4 anos	5 anos	Guarda permanente	
012 Comunicação social				
012.1 Relações com a imprensa	1 ano		Eliminação	
012.11 Credenciamento de jornalistas	Enquanto vigora		Eliminação	
012.12 Entrevistas, noticiários, reportagens, editoriais	2 anos		Eliminação	Os documentos cujas informações reflitam a política do órgão são de guarda permanente.
012.2 Divulgação interna	2 anos		Eliminação	
012.3 Campanhas institucionais, publicidade	4 anos	10 anos	**Guarda permanente**	

(Quadro 5.1 – continuação)

Assunto	Prazos de guarda		Destinação final	Observações
	Fase corrente	Fase intermediária		
019 Outros assuntos referentes à organização e ao funcionamento				Este grupo será desenvolvido pelo órgão de acordo com a necessidade, bem como a temporalidade e a destinação.
019.01 Informações sobre o órgão	2 anos		Eliminação	
020 Pessoal				
020.1 Legislação: normas, regulamentações, diretrizes, estatutos, regulamentos, procedimentos, estudos e/ou decisões de caráter geral	Enquanto vigora	5 anos	Guarda permanente	É opcional a reprodução dos documentos previamente ao recolhimento, para que o órgão permaneça com cópia para consulta.
Boletins administrativos, de pessoal e de serviço	10 anos	10 anos	Guarda permanente	
020.2 Identificação funcional (inclusive carteira, cartão, crachá, credencial e passaporte diplomático)	Enquanto o servidor permanecer		Eliminação	

(Quadro 5.1 – conclusão)

Assunto	Prazos de guarda		Destinação final	Observações
	Fase corrente	Fase intermediária		
020.3 Obrigações trabalhistas e estatutárias, relações com órgãos normatizadores da Administração Pública; Lei dos 2/3; relação anual de informações sociais (Rais)	5 anos	5 anos	Eliminação	
020.31 Relações com os conselhos profissionais	2 anos		Eliminação	Os documentos cujas informações possam originar contenciosos administrativos ou judiciais serão classificados nos assuntos correspondentes ao seu conteúdo, cujos prazos e destinação estão estabelecidos nesta tabela.
020.4 Sindicatos, acordos, dissídios	5 anos	5 anos	Guarda permanente	

Fonte: Adaptado de Conarq, 2001, p. 53-54.

> CONARQ – Conselho Nacional de Arquivos. **Classificação, temporalidade e destinação de documentos de arquivo relativos às atividades-meio da Administração Pública.** Rio de Janeiro: Arquivo Nacional, 2001. Disponível em: <http://www.conarq.arquivonacional.gov.br/Media/resolucao_14.pdf>. Acesso em: 9 fev. 2015.

Embora seja dada atenção especial aos documentos produzidos pela Administração Pública, considerando-se sua importância para a sociedade, devemos ter o mesmo cuidado com aqueles oriundos das empresas privadas, preservando sempre sua especificidade e necessidade.

Ao profissional de secretariado cabe o desafio de, com base na leitura do cenário em que atua, estipular, adaptar ou criar métodos e estratégias que atendam à sua realidade documental.

Também é importante lembrarmos que, se a empresa mantém negócios com a Administração Pública, ela tem de seguir as mesmas normas determinadas pela legislação.

5.3 Classificação dos documentos

Conforme suas características, formas e conteúdos, os documentos podem ser classificados, de acordo com Paes (2004), segundo o gênero e a natureza do assunto, como veremos nos tópicos a seguir.

5.3.1 Gênero

Quanto ao gênero, os documentos podem ser:

» **Textuais** – São os documentos manuscritos, datilografados/digitados ou impressos; lembramos que os documentos escritos apresentam uma variada gama de espécies, tais como contratos, relatórios, editais e folhas de pagamento.

» **Cartográficos** – São os documentos que têm formatos e/ou dimensões variáveis, contendo representações geográficas, arquitetônicas ou de engenharia. Exemplos: mapas, plantas e perfis.

» **Iconográficos** – São os documentos que têm suportes sintéticos, em papel emulsionado ou não, contendo imagens estáticas. Exemplos: fotografias (diapositivos, ampliações e negativos fotográficos), desenhos e gravuras.

» **Filmográficos** – São os documentos em películas cinematográficas e fitas magnéticas de imagem (*tapes*), conjugadas ou não a trilhas sonoras, com bitolas e dimensões variáveis, e que contêm imagens em movimento. Exemplos: filmes e fitas videomagnéticas.

» **Sonoros** – São os documentos com dimensões e rotações variáveis e que contêm registros fonográficos. Exemplos: discos e fitas audiomagnéticas ou qualquer outro dispositivo de armazenamento de som, como *pen drives* e CDs.

» **Micrográficos** – São documentos que têm suporte fílmico resultante da microrreprodução de imagens, mediante a utilização de técnicas específicas, ou seja, são aqueles resultantes do processo de microfilmagem. Exemplos: rolo, microficha, jaqueta e cartão-janela.

» **Informáticos** – São os documentos produzidos, tratados e armazenados em computador. Exemplos: disquetes, discos rígidos, CDs, CDs-R, CDs-RW, DVDs, HDs DVDs, SSDs, cartões de memória e *pen drives* (USB), além da memória RAM, que é também considerada um dispositivo de armazenamento.

Visto isso, passemos à classificação dos documentos pela natureza do assunto.

5.3.2 Natureza do assunto

Quando levamos em conta a natureza do assunto contido em um documento, este pode ser:

» **Ostensivo** – É aquele cuja divulgação não prejudica a administração. Exemplos: notas fiscais de uma loja, escala de plantão de uma imobiliária, mapa de emergência de um edifício.

» **Sigiloso** – Trata-se de documento de conhecimento restrito e que, por isso, requer medidas especiais de salvaguarda para sua divulgação e custódia.

Os documentos sigilosos se subdividem em três níveis, tendo em vista o grau necessário de sigilo e a abrangência de circulação. São eles:

1. **Ultrassecretos** – Seu assunto requer um grau de segurança excepcional e, por isso, deve ser do conhecimento apenas de pessoas intimamente ligadas ao seu estudo ou manuseio. Entre os assuntos caracterizados como ultrassecretos, podemos citar: políticas governamentais, negociações, planos de guerra, descobertas científicas.

2. **Secretos** – Seu assunto exige um alto grau de segurança, mas o documento pode ser do conhecimento de pessoas funcionalmente autorizadas para tanto, ainda que não sejam intimamente relacionadas ao seu estudo ou

manuseio. Podemos citar como exemplos programas e medidas governamentais e assuntos extraídos de matérias ultrassecretas, sem comprometer o original, como planos de operações econômicas e financeiras.

3. **Reservados** – São documentos cujos assuntos não devem ser do conhecimento do público em geral. Por exemplo: partes de planos, programas e projetos que indiquem instalações importantes.

Esses graus são definidos pela Lei n. 12.527, de 18 de novembro de 2011 (Brasil, 2011), como vimos anteriormente, a qual é leitura obrigatória, principalmente para quem trabalha na área pública. Para que você tenha acesso a essa lei e possa conhecer na íntegra o seu conteúdo, acesse o *link* indicado a seguir.

> BRASIL. Lei n. 12.527, de 18 de novembro de 2011. **Diário Oficial da União**, Poder Legislativo, Brasília, DF, 18 nov. 2011. Disponível em: <http://www.planalto.gov.br/ccivil_03/_ato2011-2014/2011/lei/l12527.htm>. Acesso em: 9 fev. 2015.

5.4 Correspondência

Uma vez que nosso assunto são os níveis de sigilo atribuídos a cada documento, vamos tratar mais especificamente de um gênero de documento escrito bastante conhecido no meio administrativo, em razão de constituir grande parte dos acervos arquivísticos: a **correspondência**. Sua classificação e caracterização são dois fatores importantes para o desenvolvimento das tarefas de registro e protocolo. Assim, vejamos primeiro o que entendemos por *correspondência*.

> "Considera-se correspondência toda e qualquer forma de comunicação escrita, produzida e destinada a pessoas jurídicas ou físicas, e vice-versa, bem como aquela que se processa entre órgãos e servidores de uma mesma instituição" (Paes, 2004, p. 31).

Quanto a seu destino e procedência, a correspondência pode ser classificada em:

» **Correspondência externa** – É trocada entre empresas ou entre empresas e pessoas físicas, entidades, órgãos públicos etc. Exemplos: ofícios, cartas, convites.

» **Correspondência interna** – É trocada entre órgãos de uma instituição. Exemplos: memorandos, despachos e circulares.

A correspondência pode ser ainda:

» **Oficial** – Trata de assuntos de serviço ou de interesse de uma instituição.

» **Particular** – É de interesse pessoal dos servidores de uma instituição.

De acordo com Paes (2004, p. 31-32), é possível identificar uma correspondência oficial pela forma como está endereçada:

» Envelope dirigido a uma instituição ou a qualquer de suas unidades ou subunidades;

» Envelope dirigido a uma instituição ou a qualquer de suas unidades ou subunidades, mesmo contendo, em segundo plano, o nome do servidor, sem fazer menção ao cargo que exerce;

» Envelope dirigido a servidor de uma instituição, contendo, em segundo plano, o cargo que exerce, mesmo que o nome do servidor não corresponda ao atual ou real titular do cargo;

» Envelope dirigido aos titulares do cargo, mesmo quando, em segundo plano, conste um nome que não seja o real ou atual do ocupante do cargo.

Paes também ressalta que esse tipo de correspondência, mesmo quando se enquadrar em qualquer dos itens citados, não deverá ser aberta se o envelope contiver as indicações de *confidencial, reservado, particular* ou outra semelhante.

Você sabia?

Um documento de leitura obrigatória para todos os profissionais de secretariado, por tratar especificamente de redação, é o *Manual de Redação da Presidência da República*, que é essencial, pois, para que possamos arquivar com segurança, devemos conhecer a essência de cada documento.

No manual, encontramos informações sobre aspectos gerais e conceitos básicos da comunicação oficial, modelos de documentos e elementos de ortografia e gramática.

Ressaltamos que, embora o manual ainda seja um documento de referência, no que diz respeito à ortografia, devemos atentar para o fato de que ele foi redigido em 2002, antes da entrada em vigor do novo Acordo Ortográfico, que ocorreu em 2009.

Para você apreciar o documento na íntegra ou mesmo para consultá-lo sempre que houver necessidade, utilize o *link*:

BRASIL. Presidência da República. **Manual de Redação da Presidência da República**. 2. ed. rev. e atual. Brasília: Presidência da República, 2002. Disponível em: <http://www.planalto.gov.br/ccivil_03/manual/ManualRedPR2aEd.PDF>. Acesso em: 9 fev. 2015.

5.5 Protocolo

Quando tratamos de arquivos correntes, ou seja, aqueles nos quais os documentos são consultados com frequência por diversas pessoas e setores e que são a "porta" por onde um documento entra no arquivo, devemos implementar uma rotina de gestão dessa documentação, o que usualmente é chamado de *protocolo*. A Figura 5.1 ilustra o seu trâmite.

Figura 5.1 – Atribuições do protocolo

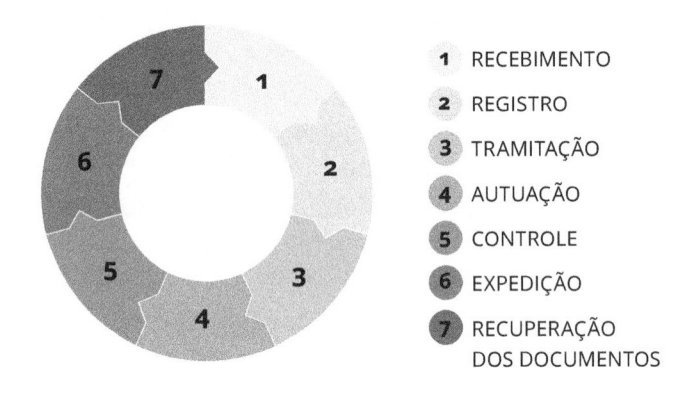

1. RECEBIMENTO
2. REGISTRO
3. TRAMITAÇÃO
4. AUTUAÇÃO
5. CONTROLE
6. EXPEDIÇÃO
7. RECUPERAÇÃO DOS DOCUMENTOS

De acordo com o professor Mayko Gomes (2012), o protocolo é entendido como o conjunto de operações técnicas que visam a controlar o trâmite de documentos dentro de uma instituição. A palavra *protocolo*, assim como *arquivo*, é polissêmica e pode significar:

» **Número atribuído a um documento**, quando capturado pelo sistema da instituição. Nesse caso, é o número de registro que o documento recebe, o qual será sua identificação dentro da empresa. É muito utilizado em processos.

» **Caderno**, ou outro equivalente, no qual se registram as movimentações internas do documento. Nesse caso, o protocolo é o caderno em que são feitas as anotações sobre a movimentação do documento. O espaço é destinado a anotações como o número do documento, a data de recebimento e a assinatura do destinatário. A Figura 5.2 apresenta um exemplo de caderno.

Figura 5.2 – Caderno de protocolo

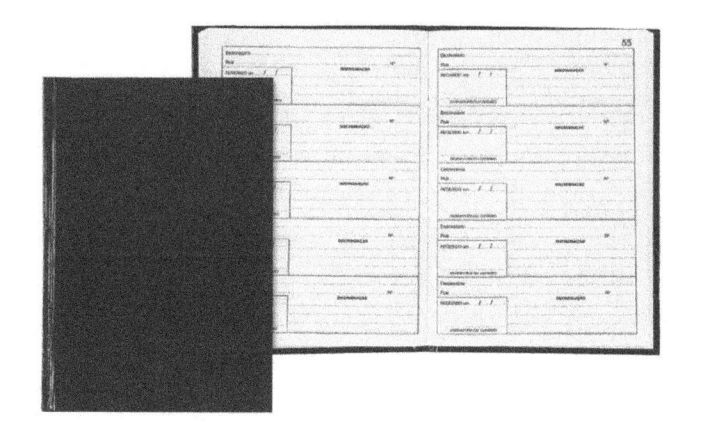

Crédito: Reprodução

» **Unidade ou setor responsável pela distribuição e pela movimentação de documentos dentro da instituição.** O protocolo é a porta de entrada e de saída de documentos de uma organização. Por meio dele, todos os documentos são recebidos, registrados e distribuídos aos destinatários. O mesmo ocorre com as movimentações internas: antes de seguirem de um setor a outro, os documentos devem passar pelo setor de protocolo. Além disso, o documento também deve passar pelo protocolo antes de ser enviado a outra instituição ou pessoa.

Relacionadas às questões do protocolo, há basicamente duas ações que envolvem outras tantas: recebimento e classificação; registro e movimentação.

5.5.1 Recebimento e classificação

Sobre o recebimento e classificação, Paes (2004) nos apresenta uma sequência de passos que compõem essa rotina em relação às correspondências, muito pertinente ao trabalho do profissional de secretariado.

Recebimento e classificação das correspondências
1. Receber a correspondência (malotes, balcão, ECT).
2. Separar a correspondência oficial da correspondência particular.
3. Distribuir a correspondência particular.
4. Separar a correspondência oficial de caráter ostensivo da correspondência de caráter sigiloso.
5. Encaminhar a correspondência sigilosa aos respectivos destinatários.
6. Abrir a correspondência ostensiva.
7. Tomar conhecimento da correspondência pela leitura, verificando a existência de antecedentes.
8. Requisitar ao Arquivo os antecedentes. Se estes não estiverem no Arquivo, o Setor de Registro e Movimentação informará onde se encontram e os solicitará para ser realizada a juntada.
9. Interpretar e classificar a correspondência, com base no código de assuntos adotado, se for o caso.

> 10. Apor o carimbo de protocolo – numerador/datador, sempre que possível, no canto superior direito do documento.
> 11. Anotar abaixo do número e da data a primeira distribuição e o código de assunto, se for o caso.
> 12. Elaborar o resumo do assunto a ser lançado na ficha de protocolo.
> 13. Encaminhar os papéis ao Setor de Registro e Movimentação.

Fonte: Paes, 2004, p. 55.

Passemos agora à ação de registro e movimentação.

5.5.2 Registro e movimentação

A ação de registro e movimentação nos remete a um setor que leva o mesmo nome e que funciona como um centro de distribuição e redistribuição de documentos. Podemos descrever seus procedimentos como mostrado a seguir.

> **Registro e movimentação**
> 1. Preparar a ficha de protocolo, em duas vias, anotando: número de protocolo; data de entrada; procedência, espécie, número e data do documento; código e resumo do assunto; primeira distribuição.

> 2. Anexar a segunda via da ficha ao documento, encaminhando-o ao seu destino, juntamente com os antecedentes, após o registro e as anotações pertinentes nas respectivas fichas, se for o caso.
> 3. Inscrever os dados constantes da ficha de protocolo nas fichas de procedência e assunto, rearquivando-as em seguida.
> 4. Arquivar as fichas de protocolo, em ordem numérica.
> 5. Receber dos vários setores os documentos a serem redistribuídos; anotar nas respectivas fichas (numéricas) o novo destino.
> 6. Encaminhar os documentos aos respectivos destinos, de acordo com o despacho de autoridade competente.

Fonte: Paes, 2004, p. 56.

Destacamos que nem todas as instituições têm um setor responsável por essa atividade. Por isso, o mais importante é que se mantenha um registro preciso sobre a tramitação dos documentos na empresa, ainda mais quando se trata de documentos originais, como contratos, registros de imóveis e atas. Também é relevante lembrarmos que o maior desafio, além da organização e da preservação dos documentos, consiste em propiciar o acesso rápido a eles.

Muito bem, agora que já vimos que uma das etapas da gestão de documentos é a classificação, que tal aprofundarmos o assunto?

5.6 Organização dos arquivos

Como as atividades de qualquer outro setor de uma instituição, a organização de arquivos pressupõe o desenvolvimento de algumas etapas de trabalho. De acordo com Paes (2004), essas fases se constituem em: levantamento de dados; análise dos dados coletados; planejamento; e implantação e acompanhamento.

5.6.1 Levantamento de dados

Sem conhecermos a estrutura da instituição, é impossível compreendermos o significado da sua massa documental, ou seja, os documentos expedidos e recebidos que devem ser arquivados. Dessa forma, é imprescindível que realizemos um levantamento para conhecer o arquivo e, principalmente, para identificar alguns aspectos que irão interferir diretamente na organização. Não basta olhar os documentos isoladamente: devemos compreendê-los no contexto da instituição da qual fazem parte; por isso, tal levantamento deve sempre iniciar pelo exame de estatutos, regimentos, regulamentos, organogramas, funcionogramas, normas etc.

Após essa análise, devemos identificar os seguintes aspectos:

» **gênero do documento** – escritos, iconográficos, cartográficos, informáticos etc.;
» **espécie da documentação** – cartas, faturas, projetos, relatórios, questionários etc.;
» **volume** – a quantidade de documentação existente;
» **estado de conservação dos documentos**;
» **arranjo e classificação dos documentos** – os métodos de arquivamento adotados (numérico, alfabético, alfanumérico etc.);
» **formas de protocolo** – livro ou fichas de registro das entradas e saídas de documentos do arquivo;

- » **controle de empréstimo;**
- » **existência de normas específicas para o arquivamento;**
- » **identificação do pessoal** – quando se tratar de um setor de arquivos ao qual haja pessoal diretamente ligado;
- » **localização física** – as condições físicas da área ocupada, como extensão, iluminação, umidade, proteção quanto a riscos de incêndio e infiltração.

Somente após a obtenção dessas informações é que poderemos definir a condição atual do arquivo e propor melhorias, quando for necessário.

5.6.2 Análise dos dados coletados

Em síntese, de acordo com Paes (2004, p. 36),

trata-se de verificar se estrutura, atividades e documentação de uma instituição correspondem à sua realidade operacional. O diagnóstico seria, portanto, uma constatação dos pontos de atrito, de falhas ou lacunas existentes no complexo administrativo, enfim, das razões que impedem o funcionamento eficiente do arquivo, e que irão embasar possíveis alterações e melhorias no sistema de arquivamento.

A análise dos dados é o ponto de partida para organização de qualquer sistema de arquivamento, pois somente por meio desse levantamento é possível mapear as prováveis melhorias.

5.6.3 Planejamento

Para que um arquivo, em todos os estágios de sua evolução, possa cumprir seus objetivos, é de suma importância a elaboração de um **plano arquivístico**. Em que consiste esse plano? Trata-se de um documento que considera, além das necessidades da empresa a que deverá servir, os aspectos legais a que ela se submete.

Entre os principais itens a serem definidos em um plano arquivístico, destacamos:

» posição do arquivo na estrutura da instituição;
» centralização ou descentralização;
» escolha de métodos de arquivamento;
» estabelecimento de normas de funcionamento;
» recursos humanos;
» escolha das instalações e dos equipamentos;
» constituição de arquivos intermediários e permanentes;
» recursos financeiros.

5.6.4 Implantação e acompanhamento

Nessa fase, recomendamos que toda a organização seja envolvida, a fim de se criarem os manuais de arquivo, tomando como base a estrutura da empresa, suas rotinas, regimentos e procedimentos. Para tanto, é importante que sejam testados os métodos e os formulários que serão utilizados; seja como for, os manuais devem ser atualizados periodicamente.

5.7 Posição do arquivo na estrutura da instituição

De acordo com Paes (2004, p. 37),

> Embora não se possa determinar, de forma generalizada, qual a melhor posição do órgão de arquivo na estrutura de uma instituição, recomenda-se que esta seja a mais elevada possível, isto é, que o arquivo seja subordinado a um órgão hierarquicamente superior, tendo em vista que irá atender a setores e funcionários de diferentes níveis de autoridade. A adoção desse critério evita

sérios problemas na área das relações humanas e das comunicações administrativas.

É sempre importante ressaltarmos que para o usuário não interessa onde as informações estão armazenadas – se em uma biblioteca, em um computador, em um CD ou em documentos escritos; o importante é que elas estejam acessíveis no momento em que ele precisar.

5.7.1 Centralização ou descentralização e coordenação dos serviços de arquivo

Importa assinalarmos que a descentralização se aplica apenas à fase corrente, ou seja, àquela em que os documentos estão sendo utilizados com frequência. Nas fases intermediária e permanente, os arquivos devem ser sempre centralizados, embora os documentos possam estar fisicamente organizados em espaços distintos.

5.7.1.1 Centralização

Entendemos que um **sistema centralizado de arquivos correntes** não consiste apenas no agrupamento da documentação em um único local, mas também na concentração de todas as atividades de controle – recebimento, registro, distribuição, movimentação e expedição.

Entre as vantagens que um sistema centralizado oferece, destacamos:

» treinamento mais eficiente do pessoal de arquivo;
» maior probabilidade de padronização de normas e procedimentos;
» nítida delimitação de responsabilidades;
» constituição de conjuntos arquivísticos mais completos;

- » redução dos custos operacionais;
- » economia de espaço e equipamentos.

Paes (2004, p. 38) também nos alerta sobre os riscos de uma centralização rígida:

> Ela pode ser muito desastrosa quando se tratar de instituições de âmbito nacional, por exemplo, em que algumas de suas unidades administrativas desenvolvem atividades autônomas e específicas, ou ainda tais unidades estejam localizadas fisicamente distantes umas das outras, carecendo, portanto, de arquivos próximos.

5.7.1.2 Descentralização

Devemos ter prudência ao adotar um **sistema descentralizado**. O bom senso indica que a descentralização deve ser estabelecida considerando-se as grandes áreas de atividades de uma instituição.

A descentralização obedece basicamente a dois critérios: centralização das atividades de controle (protocolo) e descentralização dos arquivos; e descentralização das atividades de controle (protocolo) e dos arquivos.

É importante lembrarmos que, quando falamos em atividades de controle, estamos nos referindo àquelas exercidas pelo setor responsável pelo controle, tais como recebimento, registro, classificação, distribuição, movimentação e expedição dos documentos correntes.

5.7.1.3 Centralização das atividades de controle e descentralização dos arquivos

De acordo com Paes (2004, p. 39),

> neste sistema, todo o controle da documentação é feito pelo órgão central de protocolo e comunicações, e os arquivos são localizados junto aos órgãos responsáveis pela execução de programas

especiais ou funções específicas, ou ainda junto às unidades administrativas localizadas em áreas fisicamente distantes dos órgãos a que estão subordinadas.

Esses arquivos descentralizados denominam-se *núcleos de arquivo* ou *arquivos setoriais*.

5.7.1.4 Descentralização das atividades de controle (protocolo) e dos arquivos

Esse modelo somente deverá ser adotado quando for capaz de substituir com vantagens relevantes os sistemas centralizados tradicionais ou parcialmente descentralizados. Ele consiste em descentralizar não somente os arquivos, mas também as demais atividades de controle.

A opção pela descentralização ou não deve ser estabelecida com cautela, considerando-se as condições e os interesses de cada organização e observando-se com rigor os critérios técnicos e as condições estruturais do arquivo. Nesse sistema, também é imprescindível a criação de uma **coordenação**, que exercerá as funções normativas e de controle.

Talvez você esteja pensando que, ao tratarmos de protocolo, registro e responsabilidade pela movimentação dos documentos, parece que estamos nos referindo apenas a documentos impressos. Porém, na verdade, não é isso o que ocorre. Sabemos que, na atualidade, é muito maior o número de documentos digitais do que o de impressos, mas também é certo que os mesmos cuidados devem ser tomados com os documentos digitais.

Quando falamos em centralização ou descentralização, por exemplo, no contexto de uma empresa, talvez não faça sentido pensarmos na disposição física dos arquivos; mas, se pensarmos nas pessoas que poderão inserir ou excluir determinados documentos no sistema de gerenciamento de informações, esse conceito passa a fazer mais sentido.

5.8 Escolha do método de arquivamento

Como podemos perceber, a organização de um arquivo se inicia sempre da necessidade e das condições da instituição à qual esse arquivo servirá. Em relação à escolha do **método**, não ocorre de maneira diferente. Este se define como a forma sistematizada de se organizarem os documentos no arquivo, ou seja, de que modo, por qual nomenclatura, número ou código eles serão localizados.

Dificilmente se utiliza um único método na organização de um arquivo, pois há documentos que devem ser ordenados por assunto, enquanto outros o devem ser por nome, local, data ou números. A escolha do método ou métodos de arquivamento (arranjos) sempre tem de ocorrer com base na análise cuidadosa das atividades da instituição, aliada à observação de como os documentos são solicitados no arquivo. Dessa forma, será possível definirmos o método principal e os métodos auxiliares de arquivamento. Consideremos, por exemplo, uma empresa com as seguintes características:

Filiais
» Paraná
» Rio Grande do Sul
» Santa Catarina

Folhas de pagamento
» Janeiro a julho de 2012
» Agosto a dezembro de 2013
» Janeiro a julho de 2014

Pessoal
- » Cegan, Edilaine
- » Stece, Vanderleia
- » Oliveira, Mariana Stece de

Neste exemplo, temos um método principal por **assunto**:

(Filiais)
- » Paraná
- » Rio Grande do Sul
- » Santa Catarina

(Folhas de pagamento)
- » Janeiro a julho de 2012
- » Agosto a dezembro de 2013
- » Janeiro a julho de 2014

(Pessoal)
- » Cegan, Edilaine
- » Oliveira, Mariana Stecede
- » Stece, Vanderleia

No assunto *Filiais*, temos um arranjo secundário por localidade (geográfico); no assunto *Folhas de pagamento*, o arranjo secundário ocorre em ordem cronológica; e no assunto *Pessoal*, adota-se um arranjo secundário em ordem alfabética.

Filiais
- » Paraná
- » Rio Grande do Sul   ← **Ordem geográfica**
- » Santa Catarina

Folhas de pagamento
- » Janeiro a julho de 2012
- » Agosto a dezembro de 2013   ← **Ordem cronológica**
- » Janeiro a julho de 2014

Pessoal

» Cegan, Edilaine
» Oliveira, Mariana Stece de   ⬅ **Ordem alfabética**
» Stece, Vanderleia

Podem ocorrer ainda outras modalidades de arranjo, dependendo da especificidade do assunto a ser tratado, como nos explica Paes (2004, p. 41):

> Para melhor atender aos usuários de um banco de investimentos, por exemplo, a documentação pode ser separada em dois grandes grupos: o de projetos de financiamento – ordenados e arquivados pelo número de controle que lhes é atribuído ao darem entrada, e o grupo constituído de todo o restante da documentação ordenado pelo assunto.

Uma instituição de ensino que trabalha com educação a distância é outro exemplo que podemos analisar. Para organizar a documentação dos alunos, é possível adotarmos um método principal geográfico, que identifica a região; um secundário numérico, com o número da turma; e ainda um terceiro, por ordem alfabética, com os nomes dos alunos. Vejamos:

Paraná

2013/01

» Cegan, Edilaine
» Oliveira, Vanderleia Stece de
» Rosa, Maria de Oliveira

É bom sempre lembrarmos que estes são somente exemplos. Na vida real, você deverá escolher um arranjo que seja funcional para sua organização e, principalmente, que facilite a sua busca pelo documento no arquivo.

5.9 Métodos de arquivamento

Arquivar é uma das atividades de um programa de gestão de documentos e tem como principal função "disponibilizar as informações contidas nos documentos para a tomada de decisão e comprovação de direitos e obrigações, o que só se efetivará se os documentos estiverem corretamente classificados e devidamente guardados" (Paes, 2004, p. 60).

Tão importante quanto arquivar é **encontrar rapidamente as informações** no momento desejado. Segundo Paes (2004, p. 61),

> a tarefa de classificar documentos para um arquivo exige do classificador conhecimento não só da administração a que serve, como da natureza dos documentos que serão classificados. Cada ramo de atividade exige um método diferente, adequado às suas finalidades. Daí o problema difícil, quando se quer organizar um arquivo, da escolha de um método ideal de classificação para que a finalidade precípua do arquivo, que é o acesso aos documentos, seja plenamente atingida.

O método de arquivamento é determinado pela natureza dos documentos e pela estrutura da entidade; engana-se quem pensa que, uma vez que a gestão de documentos ocorre, na maioria das vezes, de forma eletrônica, os métodos de arquivamento se tornam desnecessários. Na realidade, temos justamente o contrário: é com base no método definido que será desenvolvido o sistema a ser utilizado.

Os métodos de arquivamento são divididos em duas classes – **básicos** e **padronizados** –, os quais, por sua vez, pertencem a dois grandes sistemas: o **direto** e o **indireto**. O **sistema direto** é aquele em que a busca de um documento é realizada diretamente no local onde o documento está guardado; o **indireto** é aquele em que, para se localizar um documento, é preciso, antes, consultar um índice ou um código.

Existe também o método **alfanumérico**, que é uma combinação de letras e números e não está incluído nas classes de métodos básicos e padronizados, pois é considerado um **sistema semi-indireto**.

Com base nas duas classes que apresentamos, vários outros métodos são formados, entre os quais destacamos:

» **básicos** – alfabético, geográfico, numérico, ideográfico ou por assunto, duplex, *unitermo* ou indexação coordenada, dígito-terminal etc.; e
» **padronizados** – *variadex*, automático, mnemônico etc.

Paes (2004, p. 62, grifos do original) nos ensina que

> Quando se trata de planejar a organização de um arquivo ou fichário, os elementos constantes de um documento a considerar são: **nome** (do remetente, do destinatário ou da pessoa a quem se refere o documento); **local, número, data** e **assunto**. De acordo com o elemento mais importante e frequentemente procurado, em cada caso, pode-se organizar os fichários ou arquivos em ordem:
> a. alfabética;
> b. geográfica;
> c. numérica (simples ou cronológica);
> d. de assunto.

5.9.1 Método alfabético

É um método simples e bastante utilizado. O elemento principal a ser considerado é o **nome**, seja de empresas, seja de pessoas. Ele é direto, pois a pesquisa é realizada no próprio documento e não há necessidade de se recorrer a um índice auxiliar para localizar o que se deseja.

Nesse método, as fichas ou pastas são dispostas em ordem rigorosamente alfabética, respeitadas as normas gerais de alfabetação, por meio de guias divisórias, com as respectivas letras (Paes, 2004).

As vantagens e as desvantagens desse método são as seguintes:

» **Vantagens** – É um método rápido, direto, fácil e barato.
» **Desvantagens** – Os erros de arquivamento tendem a predominar no arquivamento alfabético quando o volume de documentos é muito grande, em virtude do cansaço visual e da variedade de grafia dos nomes (Paes, 2004).

Visto isso, passemos à análise das regras de alfabetação propriamente ditas.

5.9.1.1 Regras de alfabetação

O arquivamento de nomes obedece a 13 regras, que são chamadas de *regras de alfabetação*. São elas:

1. "Nos nomes de pessoas físicas, considera-se o último sobrenome e depois o prenome" (Paes, 2004, p. 63).
   Exemplos:

   a) Pedro Álvares Cabral
   b) João Cardoso
   c) Ana Carolina Guimarães
   d) Júlia Santos

Arquivamos:

a) Cabral, Pedro Álvares
b) Cardoso, João
c) Guimarães, Ana Carolina
d) Santos, Júlia

Observação: quando ocorrerem sobrenomes iguais, prevalece a ordem alfabética do prenome.

Exemplos:

a) Ana Pereira
b) Carlos Pereira
c) Maria Pereira
d) Vítor Pereira

Arquivamos:

a) Pereira, Ana
b) Pereira, Carlos
c) Pereira, Maria
d) Pereira, Vítor

2. "Sobrenomes compostos de um substantivo e um adjetivo ou ligados por hífen não se separam" (Paes, 2004, p. 65).
   Exemplos:

   a) Joaquim Castelo Branco
   b) Maria Serro Azul
   c) Heitor Villa-Lobos

   Arquivamos:

   a) Castelo Branco, Joaquim
   b) Serro Azul, Maria
   c) Villa-Lobos, Heitor

3. "Os sobrenomes formados com as palavras Santa, Santo ou São seguem a regra dos sobrenomes compostos por um adjetivo e um substantivo" (Paes, 2004, p. 64).
   Exemplos:
   a) Carina Santa Rita
   b) José Santo Expedito
   c) Pedro São Sebastião

   Arquivamos:
   a) Santa Rita, Carina
   b) Santo Expedito, José
   c) São Sebastião, Pedro

4. "As iniciais abreviativas de prenomes têm precedência na classificação de sobrenomes iguais" (Paes, 2004, p. 64).
   Exemplos:
   a) V. Stece
   b) Vanderleia Stece
   c) Heitor Stece

   Arquivamos:
   a) Stece, V.
   b) Stece, Heitor
   c) Stece, Vanderleia

5. "Os artigos e preposições, tais como *a, o, de, d', da, do, e, um uma*, não são considerados (ver também regra nº 9)" (Paes, 2004, p. 64).
   Exemplos:
   a) Maria d'Andrade
   b) Arnaldo do Couto
   c) Maria da Graça
   d) Marcelo de Oliveira

Arquivamos:
a) Andrade, Maria d'
b) Couto, Arnaldo do
c) Graça, Maria da
d) Oliveira, Marcelo de

6. "Os sobrenomes que exprimem grau de parentesco, como Filho, Júnior, Neto e Sobrinho, são considerados parte integrante do **último sobrenome**, mas não são considerados na ordenação alfabética" (Paes, 2004, p. 64, grifo do original). Exemplos:

a) Vinicius Gonçalves Júnior
b) Diego Prado Filho
c) Enzo Sartori Neto
d) Pedro Vasconcelos Sobrinho

Arquivamos:
a) Gonçalves Júnior, Vinicius
b) Prado Filho, Diego
c) Sartori Neto, Enzo
d) Vasconcelos Sobrinho, Pedro

Observação: os graus de parentesco somente devem ser considerados na alfabetação se funcionarem como elemento de distinção.
Exemplos:

a) Elimar de Oliveira Sobrinho
b) Elimar de Oliveira Neto
c) Elimar de Oliveira Filho

Arquivamos:
a) Oliveira Filho, Elimar de
b) Oliveira Neto, Elimar de
c) Oliveira Sobrinho, Elimar de

7. "Os títulos não são considerados na alfabetação. São colocados após o nome completo, entre parênteses." (Paes, 2004, p. 65).
Exemplos:

a) Ministro Joaquim Barbosa
b) General Carlos Gomes
c) Doutora Thereza Lima
d) Professor Paulo Sobreira

Arquivamos:
a) Barbosa, Joaquim (Ministro)
b) Gomes, Carlos (General)
c) Lima, Thereza (Doutora)
d) Sobreira, Paulo (Professor)

8. "Os nomes estrangeiros são considerados pelo último sobrenome, salvo nos casos de nomes espanhóis e orientais (ver também regras n° 10 e 11)" (Paes, 2004, p. 65).
Exemplos:

a) Georges Adams
b) Winston Churchill
c) David Müller
d) Jorge Scott

Arquivamos:
a) Adams, Georges
b) Churchill, Winston
c) Müller, David
d) Scott, Jorge

9. "As partículas dos nomes estrangeiros podem ou não ser consideradas. O mais comum é considerá-las como parte integrante do nome quando escritas com letra maiúscula" (Paes, 2004, p. 66).

Exemplos:
a) Leonardo di Capri
b) Francesco De Penedo
c) Charles De Gaulle
d) John MacAdam
e) Patrick O'Brian

Arquivamos:
a) Capri, Leonardo di
b) De Gaulle, Charles
c) De Penedo, Francesco
d) MacAdam, John
e) O'Brian, Patrick

10. "Os nomes espanhóis são registrados pelo penúltimo sobrenome, que corresponde ao sobrenome da família do pai" (Paes, 2004, p. 66).
Exemplos:

a) José de Arevalo y Baños
b) Francisco de Pina de Barrante
c) Ángel del Arco y Molinero
d) Antonio de las Heras

Arquivamos:
a) Arco y Molinero, Ángel del
b) Arevalo y Baños, José de
c) Heras, Antonio de las
d) Pina de Barrante, Francisco de

11. "Os nomes orientais – japoneses, chineses e árabes – são registrados como se apresentam" (Paes, 2004, p. 66).
Exemplos:

a) Ain Abdala
b) Mei Chen

Arquivamos:
a) Ain Abdala
b) Mei Chen

12. "Os nomes de firmas, empresas, instituições e órgãos governamentais devem ser transcritos como se apresentam, não se considerando, porém, para fins de ordenação, os artigos e as preposições que os constituem. Admite-se, para facilitar a ordenação, que os artigos iniciais sejam colocados entre parênteses após o nome" (Paes, 2004, p. 66).
Exemplos:

a) O Boticário
b) Stece Oliveira & Cia.
c) Fundação Getulio Vargas
d) The Library of Congress
e) Barbosa Santos Ltda.

Arquivamos:
a) Barbosa Santos Ltda.
b) Boticário (O)
c) Fundação Getulio Vargas
d) Library of Congress (The)
e) Stece Oliveira & Cia.

13. "Nos títulos de congressos, conferências, reuniões, assembleias e assemelhados os números arábicos, romanos ou escritos por extenso deverão aparecer no fim, entre parênteses" (Paes, 2004, p. 67).
Exemplos:

a) I Encontro de Secretariado
b) Quarto Congresso de Arquivística
c) 3º Simpósio de Educação

Arquivamos:
a) Encontro de Secretariado (I)
b) Congresso de Arquivística (Quarto)
c) Simpósio de Educação (3º)

14. "Estas regras podem ser alteradas para melhor servir à organização, desde que o arquivista observe sempre o mesmo critério e faça as remissivas[1] necessárias para evitar dúvidas futuras" (Paes, 2004, p. 67).
Exemplos:

a) Antonio Servidor da Rocha Júnior
b) Antonio Cortez da Silva Alvarenga

Podem ser arquivados pelos nomes mais conhecidos:

a) Servidor Júnior, Antonio
b) Silva Alvarenga, Antonio

Colocamos remissivas em:
a) Rocha Junior, Antonio Servidor da
b) Silva Alvarenga, Antonio Cortez da

5.9.2 Método geográfico

Esse método não deixa de usar o alfabético, mas sua atenção é voltada para os estados, as cidades ou as regiões. Ele se caracteriza pelo sistema direto, ou seja, a busca é realizada no próprio documento; esse método é preferido quando o principal elemento a ser considerado em um documento é a procedência ou o local (Paes, 2004, p. 68).

---
1 *Remissiva* é uma lista que pode ser de assuntos ou de nomes de pessoas citadas, com a indicação da(s) página(s) do texto em que aparecem. Alguns autores referem-se a índice como sinônimo de *sumário*.

As ordenações geográficas mais indicadas são: nome do estado, da cidade e do correspondente, e nome da cidade, do estado e correspondente. Quando se trata do âmbito internacional, utilizamos a chamada *correspondência com outros países*. Vejamos, na sequência, como funcionam essas ordenações, de acordo com Paes (2004).

a) **Nome do estado, da cidade e do correspondente** – Quando organizamos um arquivo por estados, as capitais devem ser alfabetadas em primeiro lugar, por estado, independentemente da ordem alfabética, em relação às demais cidades, que devem estar dispostas após as capitais. Nesse caso, temos a necessidade de utilizar guias divisórias, com notações indicativas dos nomes dos estados. No Quadro 5.2, apresentamos alguns exemplos.

Quadro 5.2 – Método geográfico – nome do estado, da cidade e do correspondente

Estado	Cidade	Correspondente
Amazonas	Manaus (capital)	Sobreira, Luísa
Amazonas	Itacoatiara	Santos, Antônio, J.
Rio de Janeiro	Rio de Janeiro (capital)	Rodrigues, Isa
Rio de Janeiro	Campos	Almeida, José de
São Paulo	São Paulo (capital)	Correa, Gilson
São Paulo	Lorena	Silva, Alberto

Fonte: Elaborado com base em Paes, 2004, p. 69.

b) **Nome da cidade, do estado e do correspondente** – Quando o principal elemento de identificação é a cidade, não o estado, devemos observar a rigorosa ordem alfabética por cidades, sem darmos destaque às capitais. É possível notarmos isso no Quadro 5.3.

Quadro 5.3 – Método geográfico – nome da cidade, do estado e do correspondente

Cidade	Estado	Correspondente
Curitiba	Paraná	Almeida, Carlos de
Manaus	Amazonas	Silva, Alberto
Rio de Janeiro	Rio de Janeiro	Sobreira, Luísa
Santos	São Paulo	Antunes, Isabele
São Paulo	São Paulo	Correa, Guido

Fonte: Elaborado com base em Paes, 2004, p. 69.

Nesse caso, não é necessário utilizarmos guias divisórias correspondentes aos estados, pois as pastas são guardadas em ordem alfabética pelo nome das cidades. É imprescindível, porém, que as pastas tragam em segundo lugar os nomes dos estados, pois há cidades com o mesmo nome em diferentes estados. Vejamos alguns exemplos:

» Macuco (Minas Gerais)
» Macuco (Rio de Janeiro)
» Palmas (Paraná)
» Palmas (Tocantins)

c) **Correspondência com outros países** – Quando tratamos de correspondência internacional, alfabetamos em primeiro lugar o nome do país, seguido da capital e do correspondente. As demais cidades serão alfabetadas em ordem alfabética, após as respectivas capitais dos países a que se referem. O Quadro 5.4 nos mostra exemplos dessa ordenação.

Quadro 5.4 – Método geográfico – correspondência com outros países

País	Cidade	Correspondente
Inglaterra	Londres (capital)	Unesco
Inglaterra	Liverpool	Prince, Harry
Portugal	Lisboa (capital)	Pereira, Emanuel
Portugal	Aveiro	Oliveira, Joaquim
Portugal	Porto	Ferreira, António

Fonte: Elaborado com base em Paes, 2004, p. 70.

Como as vantagens e desvantagens desse método podemos destacar, de acordo com Paes (2004, p. 70):

» **Vantagens** – É direto e de fácil manuseio.

» **Desvantagens** – Exige duas classificações: pelo local e pelo nome do correspondente.

O método geográfico é muito utilizado na prática. Podem ser introduzidas cores como elementos para chamar atenção e facilitar o acesso aos documentos.

5.9.3 Métodos numéricos

Os métodos numéricos são utilizados quando o principal elemento a ser considerado em um documento é o **número**. Podem ser: simples, cronológicos ou dígito-terminais.

5.9.3.1 Método numérico simples

No método numérico simples é feita a **atribuição de um número a cada correspondente ou cliente**, pessoa física ou jurídica, obedecendo-se à ordem de entrada ou de registro. Não há qualquer preocupação com a ordenação alfabética, uma vez que o método exige um índice alfabético remissivo (Paes, 2004, p. 70).

5.9.3.2 Método numérico cronológico

Os métodos cronológico e dígito-terminal são bastante utilizados. No primeiro, além da ordem numérica, deve ser observada a data. Essa modalidade é a adotada em quase todas as repartições públicas (Paes, 2004, p. 75).

É importante destacarmos que se numera o documento, não a pasta.

Como vantagens e desvantagens desse método podemos destacar, conforme Paes (2004, p. 76):

» **Vantagens** – Há maior grau de sigilo e menor probabilidade de erros, por ser mais fácil lidar com números do que com letras.
» **Desvantagens** – Trata-se de um método indireto, o que obriga à duplicidade de pesquisa.

5.9.3.3 Método dígito-terminal

O método digital-terminal surgiu em decorrência da necessidade de se reduzir em erros no arquivamento de grandes volumes de documentos cujo elemento principal de identificação é o **número**. Entre as instituições de grande porte que precisam arquivar parte considerável de seus documentos por número, podemos mencionar, entre outras, o Instituto Nacional do Seguro Nacional (INSS), as companhias de seguros, os hospitais e os bancos (Paes, 2004).

"Os documentos são numerados sequencialmente, mas sua leitura apresenta uma peculiaridade que caracteriza o método: os números, dispostos em três grupos de dois dígitos cada um, são lidos da direita para a esquerda, formando pares" (Paes, 2004, p. 76).

Como vantagens e desvantagens desse método podemos destacar, segundo Paes (2004, p. 76)

» **Vantagens** – É possível obtermos redução dos erros de arquivamento, rapidez na localização e no arquivamento – uma vez que se trabalha com grupos de dois dígitos – e expansão equilibrada do arquivo distribuído em três grandes grupos.

» **Desvantagens** – Temos de observar a leitura não convencional dos números e a disposição física dos documentos de acordo com o sistema utilizado na leitura.

Visto isso, passemos à análise dos métodos por assunto.

5.9.4 Métodos por assunto

Por mais simples que pareça, o método de arquivamento por assunto não é assim tão fácil, pois exige a interpretação dos documentos que estão sendo analisados, bem como o conhecimento das atividades da empresa, para que possamos escolher a denominação mais adequada. Devemos lembrar que

> Não há esquemas padronizados de classificação por assunto, entretanto, cada instituição deverá, de acordo com suas peculiaridades, elaborar seu próprio plano de classificação, no qual os assuntos devem ser agrupados sob títulos principais, e estes subdivididos em títulos específicos, partindo-se sempre dos conceitos gerais para os particulares. O maior ou menor grau de detalhamento a ser estabelecido obedecerá às necessidades do próprio serviço.
> (Paes, 2004, p. 78)

Para exemplificar, apresentamos, no Quadro 5.5, um planejamento de arquivamento que utiliza o método por assunto, tomando como base o que foi elaborado por Santos e Vivekananda (2008, p. 28-29).

Quadro 5.5 – Método por assunto

Agência de viagens		
Viagens internacionais	Aéreas Marítimas Rodoviárias	Documentação Excursões Hotéis Promoções Vendas a crédito Vendas à vista
Viagens nacionais	Aéreas Marítimas Rodoviárias	Documentação Excursões Hotéis Promoções Vendas a crédito Vendas à vista

Fonte: Elaborado com base em Santos; Vivekananda, 2008, p. 28-29.

Quando houver necessidade, novas divisões podem ser incorporadas a esse método, lembrando sempre que o importante aqui é propiciar o acesso rápido às informações.

Ressaltamos que o método por assunto pode obedecer à ordem dicionária ou à ordem enciclopédica, descritas a seguir.

» **Dicionária** – Os assuntos são dispostos alfabeticamente, obedecendo-se somente à sequência das primeiras letras. Exemplos:

- Cursos de doutorado
- Cursos de especialização
- Cursos de formação
- Exposição de publicações
- Exposição de periódicos

» **Enciclopédica** – Os assuntos são agrupados sob títulos gerais e dispostos alfabeticamente. Com essa ordenação, surgem os primeiros esboços de esquemas de classificação.

Exemplos:

- Cursos
  - Especialização
  - Formação
  - Pós-graduação
- Pesquisas
  - Administração
  - Economia
  - Secretariado

Existem ainda outros métodos de arquivamento, como o duplex, o *variadex* e o decimal, que podem ser encontrados na obra da professora Marilena Leite Paes (2004) e em outros materiais da área.

Lembramos sempre que o fator mais importante é que você adote um método que atenda às necessidades da organização em que você atua.

5.10 Escolha das instalações e dos equipamentos

Quando falamos em **arquivo físico**, é muito importante para o bom desempenho das atividades que identifiquemos um local adequado e seguro para ele. Fatores como iluminação, limpeza e temperatura devem ser considerados no momento da escolha. Seguem mais algumas informações relevantes:

» A temperatura ideal para documentos é 20 °C, com variação diária de +/- 1 °C.

» A estabilidade da temperatura e da umidade relativa (UR) é especialmente importante, e as mudanças bruscas ou constantes são danosas. Se os níveis de UR forem muito baixos, aumentará o risco de quebra das fibras e de esfarelamento dos materiais orgânicos fibrosos.

» Para pergaminhos e encadernações em couro, uma UR abaixo de 40% é perigosa; o papel também sofre abaixo desses níveis. Por outro lado, nas faixas de UR acima de 65%, ocorre a proliferação de microrganismos e reações químicas danosas.

Devemos ter o mesmo cuidado quanto aos equipamentos, entendidos como o conjunto de materiais de consumo e permanentes, indispensáveis à realização do trabalho arquivístico.

5.10.1 Material de consumo

Material de consumo é aquele que sofre desgaste no curto ou no médio prazo. São as fichas, as guias, as pastas e as tiras de inserção, entre outros. A Figura 5.3 ilustra esse tipo de material.

Figura 5.3 – Modelo de pastas

Crédito: Fotolia

Como veremos, os materiais de consumo são complementares em relação aos permanentes.

5.10.2 Material permanente

O material permanente são os arquivos, os fichários, os armários, as caixas etc. A Figura 5.4 ilustra esse tipo de material.

Figura 5.4 – Modelo de pastas e armários

Crédito: Fotolia

Uma dica interessante é conhecer *sites* de papelarias e empresas de venda de material de escritório. Em ambos, podemos encontrar as novidades do mercado, bem como nos familiarizar com os nomes dos materiais.

5.11 Recursos financeiros

Um aspecto significativo que devemos considerar no momento de realizarmos a gestão de um arquivo são os recursos financeiros disponíveis. Muitas vezes, sobretudo em empresas privadas, é possível que esse assunto não esteja entre as prioridades de investimento. Nesse caso, cabe ao profissional responsável demonstrar a importância e o retorno que trará, em curto, médio e longo prazo, um arquivo seguro e bem organizado.

Você sabia?

Todas as organizações, independentemente do seu tamanho ou área de atuação, acumulam documentos que devem ser preservados constantemente, seja para fins administrativos, seja por exigências legais, seja por questões históricas. Por isso, todos os planos de arquivo devem prever a constituição de um arquivo permanente para preservar e assegurar a guarda e o acesso a essa documentação. Os arquivos intermediários somente deverão existir se os documentos realmente não puderem ser descartados ou transferidos de forma direta para o arquivo permanente.

Síntese

Neste capítulo, apresentamos os conceitos relacionados à gestão de documentos, bem como a suas fases (produção, utilização e destinação). Na fase de destinação, por exemplo, ocorre a avaliação dos documentos para se definir o seu destino, tomando como base a tabela de temporalidade, que é o instrumento que define os prazos de guarda de cada documento, considerando-se a teoria das três idades e a função para a qual tais documentos foram produzidos.

Outro assunto que abordamos, relacionado diretamente com o profissional de secretariado, é a classificação dos documentos – que pode se dar por gênero ou pela natureza do assunto – e a das correspondências – que podem ser internas ou externas, particulares ou oficiais.

Além de orientações sobre o registro de entrada e saída dos documentos, realizado por meio do protocolo, também destacamos os principais métodos de arquivamento, com destaque para as 13 regras de alfabetação utilizadas no método alfabético. Por fim, fornecemos informações relativas aos materiais e ao local de armazenamento dos documentos, a fim de assegurar sua preservação e segurança.

Questões para revisão

1. (FGV – 2013 – AL-MT) Uma pasta em nome de Clovis Fabiano da Silva Neto deve ser arquivada como:
   a) Fabiano da Silva Neto, Clovis.
   b) Silva Neto, Clovis Fabiano da.
   c) Da Silva Neto, Clovis Fabiano.
   d) Neto, Clovis Fabiano da Silva.
   e) Da Silva Neto, C. F.

2. (FGV – 2013 – AL-MT) Arquivos são lugares onde se guardam documentos. Em organizações nas quais existe uma quantidade muito grande de informações escritas, tais documentos devem ser armazenados de forma organizada a fim de facilitar sua localização futura.

   Nesse sentido, um bom arquivo deve apresentar as características listadas a seguir, **à exceção de uma**. Assinale-a:

   a) simplicidade – para facilitar a consulta por outras pessoas.
   b) flexibilidade – para permitir a fácil expansão do arquivo.

c) informalidade – para evitar que o uso de padrões formais dificulte a compreensão do modo de organização.
d) acessibilidade – para permitir que uma consulta seja realizada com rapidez e com exatidão.
e) uniformidade e disciplina – para facilitar a consulta.

4. (Ieses – 2013 – CRA-SC) Quanto à natureza do assunto, aquele cuja divulgação não prejudica a administração é corretamente chamado de:
a) Ostensivo.
b) Reservado.
c) Secreto.
d) Sigiloso.

5. (Adaptada de Fundação Cesgranrio – 2008 – BNDES) O aumento da produção documental, resultante não apenas do desenvolvimento das tecnologias de produção e reprodução documental, como muitos justificam, mas sobretudo do aumento da complexidade administrativa, tem criado uma série de problemas que se relacionam, em grande medida, com o processo de gestão de documentos e, consequentemente, com a possibilidade de promover o acesso a eles.

Esse volume de documentos produzidos com base nessa complexidade administrativa precisa ser tratado de modo a permitir a sua integridade e o seu potencial informativo, evitando que se transforme em um problema cuja solução exija esforços técnicos, financeiros e humanos muito maiores do que aqueles exigidos em momentos anteriores.

O não enfrentamento desse problema pelas instituições administrativas e de formação tem gerado, ao longo dos anos, tanto a fragmentação dos acervos como um acúmulo indiscriminado de documentos, que contribuem para significativa perda, tanto do potencial informativo, administrativo e científico quanto da capacidade da construção de sua própria memória institucional.

Para evitar a fragmentação dos acervos e as eliminações sem qualquer critério, trabalha-se com o conceito arquivístico de avaliação. O que significa esse conceito e qual é o papel da avaliação no processo de gestão de documentos?

7. (Adaptada de Fundação Cesgranrio – 2010 – BNDES) Os acervos arquivísticos públicos e privados, no Brasil, nem sempre se encontram em bom estado de conservação, pois faltam muitos elementos, principalmente investimentos na área, que ainda é pouco valorizada. No entanto, conservadores e pesquisadores dedicam parte do seu tempo a estudos, que visam a minimizar os problemas da má conservação dos documentos.

Assim, tomando como base o universo de cuidados que se deve ter para a boa conservação de documentos, observa-se que o controle rigoroso do ambiente em que eles se encontram exerce papel fundamental para a garantia da longevidade dos arquivos. Nesse sentido, esclareça os pontos essenciais da conservação preventiva para uma efetiva preservação de acervos arquivísticos.

Para saber mais

Para complementar seus estudos e conhecer mais exemplos sobre os métodos que apresentamos neste capítulo, leia os seguintes textos:

CURSOS PROFISSIONALIZANTES. **Técnicas de arquivamento.** 2008. 72 dispositivos: color. Disponível em: <http://www.slideshare.net/profissionalizando/tecnicas-de-arquivamento>. Acesso em: 10 fev. 2015.

LOPES, U. dos S. Arquivos e a organização da gestão documental. **Revista ACB**, Florianópolis, v. 9, n. 1, p. 113-122, 2004. Disponível em: <http://revista.acbsc.org.br/racb/article/view/412/523>. Acesso em: 10 fev. 2015.

Recomendamos também a leitura das obras que serviram de base para a elaboração deste capítulo:

PAES, M. L. **Arquivos:** teoria e prática. 3. ed. Rio de Janeiro: Ed. Fundação Getúlio Vargas, 2004.

SANTOS, M. V.; VIVEKANANDA, K. C. K. **Gestão de documentos de A a Z**: gerenciamento de documentos eletrônicos. Curitiba: Ed. Camões, 2008.

6 Gestão eletrônica de documentos e as normas ISO de certificação

Conteúdos do capítulo

» Gerenciamento eletrônico de documentos (GED).
» Motivos para utilização do GED.
» Metadados.
» Normas ISO de certificação.
» Série ISO 30300.

Após o estudo deste capítulo, você será capaz de:

1. compreender o que é o gerenciamento eletrônico de documentos (GDE);
2. identificar a importância da gestão adequada de documentos eletrônicos;
3. entender o conceito de metadados e sua importância na elaboração de um sistema de gerenciamento de arquivos eficiente;
4. compreender a relação da gestão de documentos e da arquivística com as normas ISO de certificação.

6.1 Gerenciamento eletrônico de documentos (GED)

Na contemporaneidade, uma característica importante dos documentos é o **formato digital**, que pode existir desde a concepção ou após o processo de transformação de documentos físicos em digitais. Esse fato nos traz muito mais facilidade, tanto no que se refere à produção quanto em relação à distribuição e ao acesso ao documento. Todavia, também exige um sistema de gestão eficiente e alinhado às necessidades de cada empresa.

Um conceito bastante disseminado no meio da gestão de documentos é o de GED. Você sabe o que é? GED significa **gestão eletrônica de documentos** ou **gerenciamento eletrônico de documentos**, que é uma espécie de leque em constante abertura, em razão das muitas tecnologias relacionadas a ele e que dele fazem parte.

De acordo com Silva, D. P. et al. (2014), em seu artigo *GED: gerenciamento eletrônico de documentos: a tecnologia que está mudando o mundo*, GED é um sistema que converte informações em voz, texto ou imagem para o formato digital. Funciona com *softwares* e *hardwares* específicos que permitem a captação, o armazenamento, a localização e o gerenciamento das versões digitais das informações. Para Lucca, Charão e Stein (2006, p. 72), "a gestão eletrônica de documentos significa possuir, de forma eletrônica, informações sobre os documentos, independentemente da forma ou suporte em que estes se encontram".

Os dois conceitos são complementares e representam exatamente o avanço pelo qual a gestão de documentos teve de passar para ser capaz de subsidiar o formato dos documentos atuais, pois usar o GED não obriga que as informações estejam em meio eletrônico. Um documento em papel pode cumprir toda a sua função em qualquer processo, mesmo em papel e ser arquivado neste mesmo meio, ou de forma heterogênea. Iniciar em papel e fluir pelos processos e ser arquivado em meio eletrônico. (Silva, D. P. et al., 2014)

No princípio, a tecnologia de GED enfatizava basicamente a **digitalização** de um documento produzido em papel, por meio de um escâner. Assim, o documento poderia ser visualizado na tela de um computador, inclusive em rede. Todavia, na atualidade, a forma de produção dos documentos se alterou, e a maioria das empresas tem uma imensa quantidade daqueles que já surgiram em formato eletrônico (textos de Word, planilhas de Excel, desenhos de engenharia, *e-mails* etc.). Assim, devemos pensar também em como gerenciar toda essa documentação digital – principalmente de forma integrada com o restante da organização.

Segundo Santos (2002), citado por Lucca, Charão e Stein (2006, p. 73),

> uma correta gestão de documentos está diretamente ligada com o uso de técnicas arquivísticas, que facilitam a localização, o acesso a informações, o relacionamento com outros documentos e evitam perdas de prazos e acúmulo de documentos desnecessários. Esta preocupação deu origem aos sistemas de GED/A[1], que adicionam, aos sistemas de GED tradicionais, particularidades para auxiliar o tratamento de documentos de caráter arquivístico.

Os documentos eletrônicos merecem nossa atenção especial pois, de acordo com o estudo do Conselho Nacional de Arquivos (Conarq) intitulado *Gestão arquivística de documentos eletrônicos*,

---

1 O termo *GED/A* foi proposto pela National Archives and Records Administration (Nara).

o principal desafio do GED consiste em "produzir e manter documentos confiáveis, isto é, [...] garantir a integridade (autenticidade e fidedignidade) dos documentos eletrônicos" (Conarq, 2004, p. 5), uma vez que eles podem ser alterados ou até mesmo apagados sem deixar nenhum vestígio.

O Conarq também afirma que uma ferramenta de GED não atende necessariamente a todos os requisitos arquivísticos e jurídicos; na maioria das vezes, ela se aproxima de uma aplicação da gestão de documentos, não de um sistema de gestão arquivística de documentos. Ainda de acordo com o Conarq, as principais diferenças entre sistema de informação, sistema de gestão de documentos e sistema de gestão arquivística de documentos, conforme definidas pelo programa Sistemas de Informação de Arquivo e Documentos Eletrônicos (Siade), de Portugal, e pela Câmara Técnica de Documentos Eletrônicos (CTDE), são:

> **Sistema de Informação** – armazena e fornece acesso à informação, diz respeito à aquisição de conhecimento. Tem como objetivo a aquisição e gestão de informação proveniente de fontes internas e externas para apoiar o desempenho das atividades de uma organização.
>
> **Sistema de Gestão de Documentos** – apoia a utilização de documentos para a atividade em curso. Inclui indexação de documentos, gestão de armazenamento, controle de versões, integração direta com outras aplicações e ferramentas para recuperação dos documentos, como por exemplo as ferramentas de GED.
>
> **Sistema de Gestão Arquivística de Documentos** – é um conjunto de procedimentos e operações técnicas cuja interação permite a eficiência e a eficácia na produção, tramitação, uso, avaliação e destinação (eliminação ou guarda permanente) de documentos arquivísticos correntes e intermediários de uma organização. Inclui código de classificação de assuntos, controle sobre a modificação dos documentos de arquivo, controle sobre os prazos de guarda e eliminação e fornece um repositório protegido para os documentos de arquivo que sejam significativos para a organização. (Conarq, 2004, p. 8, grifo do original)

Em outro material do Conarq, intitulado *Diretrizes para a presunção de autenticidade de documentos arquivísticos digitais*, publicado em 2012, são apresentados três conceitos de importante compreensão para os profissionais que em seu dia a dia têm o desafio de arquivar documentos. São eles:

> [...] **Documento arquivístico**: documento produzido ou recebido por uma pessoa física ou jurídica, no decorrer das suas atividades, qualquer que seja o suporte, e retido para ação ou referência.
>
> [...] **Documento digital**: informação registrada, codificada em dígitos binários, acessível e interpretável por meio de sistema computacional.
>
> [...] **Documento arquivístico digital**: documento digital reconhecido e tratado como um documento arquivístico. (Conarq, 2012b, p. 2, grifo nosso)

Você viu como isso é interessante? Assim, podemos perceber que uma ferramenta de GED é mais do que um sistema de gerenciamento de arquivos, constituindo, na verdade, um sistema de informação que subsidia a tomada de decisão.

Com o GED, também é possível utilizarmos ferramentas da *web* para visualização e acesso a documentos de diversos lugares do mundo. Dessa forma, uma decisão que, no passado, demoraria dias para ser tomada em virtude do acesso às informações agora pode ser definida em poucos minutos.

Você sabia?

De acordo com o Conarq (2011, p. 35),

> a preservação de documentos arquivísticos se concentra na obtenção da estabilidade do suporte da informação. Nos documentos convencionais, conteúdo e suporte estão intrinsecamente ligados,

de modo que a manutenção do suporte garante a preservação do documento. Por outro lado, nos documentos digitais, o foco da preservação é a manutenção do acesso, que pode implicar mudança de suporte e formato, bem como atualização do ambiente tecnológico. A fragilidade do suporte digital e a obsolescência tecnológica de *hardware*, *software* e formato exigem intervenções periódicas. As estratégias de preservação de documentos arquivísticos devem ser selecionadas com base em sua capacidade de manter as características desses documentos e na avaliação custo-benefício. Podem incluir monitoramento e controle ambiental, restrições de acesso, cuidados no manuseio direto e obtenção de suportes e materiais mais duráveis (papel, tinta, disco ótico, fita magnética). No caso específico dos documentos digitais, essas estratégias incluem a prevenção da obsolescência tecnológica e de danos físicos ao suporte, por meio de procedimentos de migração, como atualização (*refreshing*) e conversão.

6.2 Motivos para utilização do gerenciamento eletrônico de documentos (GED)

De acordo com Silva, D. P. et al. (2014), podemos destacar alguns dos principais motivos para a utilização do gerenciamento eletrônico:

- » necessidade de rápida visualização dos documentos, através de pesquisas por índices ou por acesso a palavras do documento;
- » eliminar espaço físico ocupado por arquivos com documentação interna e até mesmo externa da empresa;

- » garantia da integração com sistemas já existentes na empresa [...];
[...]
- » segurança da informação contida nos documentos. A tecnologia garante a integridade das informações; e
- » qualidade da documentação a ser pesquisada. A tendência do papel é de deteriorar, o que não acontece com as mídias atuais como o CD-ROM e o disco ótico que possuem vida útil de até 30 anos.

Todavia, antes de decidirmos pela adoção de um sistema eletrônico de gerenciamento, devemos realizar um estudo sobre como ocorrerá essa gestão e, principalmente, sobre o contexto atual da organização, investigando quais são os documentos existentes, em quais formatos, quem são as pessoas envolvidas e as necessidades atuais. Um elemento importante nesse contexto são os **metadados**.

Você sabia?

Os *e-mails* também são considerados documentos. Preocupada com esse assunto, a CTDE, órgão vinculado ao Conarq, publicou, em 2012, as *Diretrizes para a gestão arquivística do correio eletrônico corporativo*. Veja o que informa um trecho das normas sobre o que é e o que não é considerado documento quando se trata de correio eletrônico:

[...] são documentos arquivísticos as mensagens de correio eletrônico com a capacidade de:
- » conduzir as atividades de forma transparente, possibilitando a governança e o controle social das informações;
- » apoiar e documentar a elaboração de políticas e o processo de tomada de decisão;

» possibilitar a continuidade das atividades em caso de sinistro;
» fornecer evidência em caso de litígio;
» proteger os interesses do órgão ou entidade e os direitos dos funcionários e dos usuários ou clientes;
» assegurar e documentar as atividades de pesquisa, desenvolvimento e inovação; e
» manter a memória corporativa e coletiva. (Conarq, 2012a, p.12)

A Organização das Nações Unidas – ONU, ao estabelecer orientações sobre como gerenciar as mensagens de correio eletrônico, aponta situações em que é possível identificá-las como documento arquivístico; dentre elas, destacamos (UNITED NATIONS, 2010):

» mensagem cujo conteúdo inicia, autoriza ou completa uma ação de um órgão ou entidade.
» mensagem trocada entre pessoas da mesma equipe ou de outras equipes, em trabalho conjunto, e cujo conteúdo se refere à atividade do órgão ou entidade.
» mensagem recebida de fonte externa (pessoa física ou jurídica) que compõe um documento arquivístico oficial.
» mensagem cujo conteúdo refere-se à pauta ou registro de reunião.
» mensagem cujo conteúdo é nota, relatório final ou recomendação para uma ação em desenvolvimento ou finalizada.

As mesmas orientações da ONU apontam para situações em que a mensagem de correio eletrônico NÃO é considerada documento arquivístico; dentre elas, destacamos:

» mensagem cujo conteúdo é de caráter pessoal (não tem relação com as atividades do órgão ou entidade).
» mensagem cujo conteúdo se refere a "correntes", propagandas, promoções e afins.

> cópia de mensagem enviada para grupos de trabalho ou coordenações, com a única finalidade de referência ou informação.
> material de referência, isto é, documentos usados apenas para subsídio teórico no desenvolvimento de uma atividade. (Conarq, 2012a, p. 13-14)

Para conhecer as diretrizes na íntegra e saber quem é o público-alvo desse documento, acesse:

> CONARQ - Conselho Nacional de Arquivos. **Diretrizes para a gestão arquivística do correio eletrônico corporativo**. Rio de Janeiro: Câmara Técnica de Documentos Eletrônicos, 2012. Disponível em: <http://conarq.arquivonacional.gov.br/media/diretrizes_gestao_correio_eletronico.pdf>. Acesso em: 11 fev. 2015.

6.3 Metadados

Nesse universo de informações digitais, um elemento importante na gestão de documentos são os chamados *metadados*:

> O termo metadados antecede a *Web* tendo, aparentemente, sido cunhado por Jack Myers nos anos 1960 para descrever arquivos eletrônicos (MILSTEAD & FELDMAN, 1999), mas começou a aparecer mais frequentemente na literatura sobre Sistemas Gerenciadores de Banco de Dados (SGBD) nos anos 1980, para descrever as características das informações armazenadas nos bancos de dados. (VELLUCCI, 1998, p. 191) (Thomaz; Santos, 2003)

De acordo com Lucca, Charão e Stein, no artigo *Metadados para um sistema de gestão eletrônica de documentos arquivísticos*,

> Ao se desenvolver novos sistemas de GED/A, a preocupação com os fundamentos do trabalho arquivístico deve estar presente em todas as etapas, especialmente na definição dos metadados suportados pela ferramenta. Segundo Fanning (2006), "os metadados são a chave para se ter acesso à informação que precisamos, quando precisamos". Com efeito, de nada adianta possuir uma solução para gerenciar os documentos se não houver a preocupação com a interpretação dos dados contidos nos mesmos (CHESTER, 2006) (Lucca; Charão; Stein, 2006, p. 71)

Com base na definição de Takahashi (2000), que descreve os metadados como os dados que descrevem outros dados, os autores nos apresentam o seguinte exemplo:

> em um formulário para catalogação de um documento, pode existir um campo para informar a data de criação deste documento, sendo que a informação explicitando "Data de Criação" é um metadado. Assim, metadados representam uma forma eficiente para solucionar problemas de localização, recuperação e acesso, visto que permitem documentar e organizar os dados de forma estruturada. (Lucca; Charão; Stein, 2006, p. 75)

Ikematu (2001), também citado por Lucca, Charão e Stein (2006, p. 75), classifica os metadados em duas categorias: técnicos e de negócio:

> Segundo o autor, metadados técnicos são "a descrição dos dados necessários pelas várias ferramentas para armazenar, manipular

ou movimentar dados", enquanto os metadados de negócio são "a descrição de dados necessários pelos usuários de negócio, para entender o contexto do negócio e o significado dos dados".

Veja os seguintes exemplos:

» **Metadados de negócio** – identificadores, datas, níveis de descrição, notas, palavras-chave e responsáveis.
» **Metadados técnicos** – assunto, tipo documental, temporalidade e eliminação.

Assim, uma estrutura de metadados de preservação digital deve descrever os tipos de informação que devem ser associados aos objetos digitais num ambiente de armazenamento, e essa estrutura deve ser genérica, abrangente, estruturada e aplicável a uma vasta gama de objetos, atividades e instituições de preservação. (Thomaz; Santos, 2003)

Dessa forma, podemos definir os metadados como **elementos de um sistema de informação que facilitam gerenciar e recuperar as informações**, estejam elas na forma eletrônica (páginas *web*, documentos digitais, imagens, vídeos, áudio etc.) ou não eletrônica.

No universo da gestão, quando desejamos que algo seja conhecido da mesma forma, independentemente do local onde se encontre, definimos, por organismos de representação, **padrões** ou **modelos**.

Certamente você já ouviu sobre os padrões de qualidade e as normas ISO de cerificação, não é? Pois bem, no caso do gerenciamento eletrônico, também existem padrões que são definidos por organismos da área, e um deles é o Dublin Core.

O Dublin Core (DCMI, 2003) é um padrão de catalogação que em 2003 deu origem a ISO 15.836/2003. Ele provê um conjunto simples e padronizado de informações (metadados) para descrever qualquer objeto on-line, de modo a facilitar a busca. É utilizado para descrever materiais digitais, tais como: vídeo, som, imagem, texto. Entre suas qualidades estão: a simplicidade, a interoperabilidade com outros padrões de metadados com semântica diferenciada, o fato de ser um consenso internacional e a sua extensibilidade, isto é, sua capacidade de ser usado como ponto de partida para padrões de descrição mais complexos e personalizados. É composto por 15 metadados para gerenciamento de documentos, divididos em três áreas: conteúdo, propriedade intelectual e instancialização (DCMI, 2003):

1. **Conteúdo**: Título, Assunto, Descrição, Fonte, Língua, Relação, Cobertura;
2. **Propriedade intelectual**: Autor, Editor, Contribuidores, Direitos;
3. **Instancialização**: Data, Tipo, Formato e Identificador. (Lucca; Charão; Stein, 2006, p. 77, grifo do original)

Agora que já vimos que um sistema de GED necessita ser alimentado com informações (metadados), as quais permitirão que os documentos sejam facilmente localizados, e que esses metadados podem e devem seguir alguns padrões, caberá a você, como gestor de documentos da sua área ou organização, o desafio de, em conjunto com os especialistas da área de tecnologia da informação (TI), definir, pautado no contexto e nos objetivos da empresa, quais são essas informações, ou melhor dizendo, metadados.

6.4 Normas ISO de certificação

Antes de abordarmos as relações das normas ISO com a gestão de documentos, vamos começar respondendo à seguinte pergunta: O que é ISO?

A International Organization for Standardization (ISO)

> É a Organização Internacional de Normalização, com sede em Genebra, na Suíça. Foi criada em 1946 e tem como associados organismos de normalização de cerca de 160 países.
>
> A ISO tem como objetivo criar normas que facilitem o comércio e promovam boas práticas de gestão e o avanço tecnológico, além de disseminar conhecimentos. (Inmetro, 2015)

As normas da ISO são amplamente aceitas nos cinco continentes e são adaptadas por muitos organismos nacionais de normalização como normas nacionais – no caso da Espanha, a Asociación Española de Normalización y Certificación (Aenor) e, do Brasil, a Associação Brasileira de Normas Técnicas (ABNT).

A maioria de nós certamente já ouviu falar de algumas dessas normas mais conhecidas, como a ISO 9000, voltada para gestão da qualidade, a ISO 14000, com foco na gestão do meio ambiente, e a norma 27001, referência internacional para a gestão da segurança da informação. O que muitos profissionais, principalmente de secretariado, não sabem é que também existem normas específicas para a gestão de arquivos, como a ISO 15.489-1 e a série de normas ISO 30300.

No material intitulado *e-ARQ Brasil: modelo de requisitos para sistemas informatizados de gestão arquivística de documentos*, elaborado pelo Conarq (2011), são especificadas todas as atividades e operações técnicas da gestão arquivística de documentos, desde a produção, a tramitação, a utilização e o arquivamento até a sua destinação final, e também é ressaltada a importância da interação das áreas de administração, arquivo e tecnologia da informação para que se obtenha sucesso na gestão de arquivos. O Conarq (2011, p. 13-14) apresenta como base as seguintes normas relacionadas à gestão de arquivos e documentos eletrônicos:

a. **Sobre especificação de requisitos de segurança funcional**:
   - ISO 15408 – Common criteria 2.x., 2005.
b. **Sobre gestão de documentos**:
   - AS ISO 15489-1 – Australian standard records management. Part 1: general, 2002;
   - AS ISO 15489-2 – Australian standard records management. Part 2: guidelines, 2002.
c. **Sobre preservação**:
   - ISO 14721 – Reference model for an open archival information system (OAIS), 2003.
d. **Sobre metadados**:
   - ISO 23081-1 – Information and documentation – records management processes – metadata for records – Part 1: Principles, 2006;
   - ISO 15836 – Dublin core metadata element set, 2003. [grifo nosso]

Além dessas normas, o Conarq também adota as seguintes resoluções (Conarq, 2011, p. 13-14):

» **Resolução do Conarq n. 14, de 24 de outubro de 2001**
Aprova a versão revisada e ampliada da Resolução do CONARQ n. 4, de 28 de março de 1996, que dispõe sobre o "Código de classificação de documentos de arquivo para a administração pública: atividades-meio", a ser adotado como modelo para os arquivos correntes dos órgãos e entidades integrantes do Sistema Nacional

de Arquivos (Sinar), e os prazos de guarda e a destinação de documentos estabelecidos na "Tabela básica de temporalidade e destinação de documentos de arquivo relativos às atividades-meio da administração pública".

» **Resolução do Conarq n. 20, de 16 de julho de 2004**
Dispõe sobre a inserção dos documentos digitais em programas de gestão arquivística de documentos dos órgãos e entidades integrantes do Sistema Nacional de Arquivos. [grifo nosso]

Assim, se a empresa em que você atua adota ou pretende adotar o padrão ISO, a leitura desses documentos é obrigatória.

6.5 Série ISO 30300

Outro documento importante para a compreensão do tema que estamos abordando aqui é *Série ISO 30300: sistema de gestão para documentos de arquivo*, da Associação Portuguesa de Bibliotecários, Arquivistas e Documentalistas (BAD), publicado por Ruesta (2012). De acordo com o material, as primeiras normas de gestão de documentos de arquivo são as que listamos no Quadro 6.1.

Quadro 6.1 – Normas ISO – Arquivística

Normas	Tradução
ISO 15489-1:2001 *Information and Documentation – Records Management – Part 1: General*	**ISO 15489-1:2001** Informação e documentação – Gerenciamento de registros – Parte 1: Geral
ISO/TR 15489-2:2001 *Information and Documentation – Records Management – Part 2: Guidelines*	**ISO/TR 15489-2:2001** Informação e documentação – Gerenciamento de Registros – Parte 2: Diretrizes

(continua)

(Quadro 6.1 - continuação)

Normas	Tradução
ISO 16175-1:2010 *Information and Documentation - Principles and Functional Requirements for Records in Electronic Office Environments - Part 1: Overview and Statement of Principles*	**ISO 16175-1:2010** Informação e documentação - Princípios e requerimentos funcionais para dados em ambientes eletrônicos de escritórios - Parte 1: Descrição e declaração de princípios
ISO 16175-2:2011 *Information and Documentation - Principles and Functional Requirements for Records in Electronic Office Environments - Part 2: Guidelines and Functional Requirements for Digital Records Management Systems*	**ISO 16175-2:2011** Informação e documentação - Princípios e requerimentos funcionais para dados digitais de sistemas de gerenciamento - Parte 2: Diretrizes e requerimentos funcionais para dados digitais de sistemas de gerenciamento
ISO 16175-3:2010 *Information and Documentation - Principles and Functional Requirements for Records in Electronic Office Environments - Part 3: Guidelines and Functional Requirements for Records in Business Systems*	**ISO 16175-3:2010** Informação e documentação - Princípios e requerimentos funcionais para dados digitais de sistemas de gerenciamento - Parte 3: Diretrizes e requerimentos funcionais para dados em sistemas de negócios
ISO 23081-1:2006 *Information and Documentation - Records Management Processes - Metadata for Records - Part 1: Principles*	**ISO 23081-1:2006** Informação e documentação - Gerenciamento de processos de registro - Metadados para registros - Parte 1: Princípios
ISO 23081-2:2009 *Information and Documentation - Managing Metadata for Records - Part 2: Conceptual and Implementation Issues*	**ISO 23081-2:2009** Informação e documentação - Metadados gerenciais - Parte 2: Questões conceituais e de implementação
ISO/TR 23081-3:2011 *Information and Documentation - Managing Metadata for Records - Part 3: Self-assessment Method*	**ISO/TR 23081-3:2011** Informação e documentação - Metadados gerenciais - Parte 3: Método de autoavaliação

(Quadro 6.1 - conclusão)

Normas	Tradução
ISO/TR 26122:2008 *Information and Documentation – Work Process Analysis for Records*	ISO/TR 26122:2008 Informação e documentação – Análise do processo de trabalho para registros
ISO/TR 13028:2010 *Information and Documentation – Implementation Guidelines for Digitization of Records*	ISO/TR 13028:2010 Informação e documentação – Diretrizes para implementação da digitalização de registros

Fonte: Elaborado com base em Ruesta, 2012.

Essas normas de boas práticas, que enfocam os processos e o controle da gestão documental, constituem a base da operação do sistema de gestão estabelecido nas séries da ISO 30300. De acordo com Ruesta (2012, p. 6),

> Dentro das muitas normas ISO que incidem sobre aspectos de gestão, existe um conjunto de normas conhecidas como MSS (Management System Standard), que propõe uma metodologia concreta para gerir as organizações. [...]
> A série de normas 30300 nasce com uma vocação integradora com os outros sistemas de gestão. Na implementação dos MSS, existe um forte componente de gestão de documentos de arquivo. O próprio sistema de gestão baseia-se na existência de uma política e objetivos documentados, bem como de procedimentos que descrevem os distintos processos incluídos no sistema de gestão. Ao mesmo tempo, os processos de trabalho devem gerar evidências que permitam comprovar que foram realizados segundo os procedimentos definidos. O sistema de gestão para os documentos de arquivo proposto na ISO 30300 pode, portanto, implementar-se integrado com outros sistemas de gestão permitindo, com pouco esforço, ampliar a eficácia dos mesmos. Também pode aplicar-se em organizações de qualquer tamanho ou setor, que não tenham necessariamente implementado outros MSS.

A série de normas ISO 30300 iniciou-se em 2011 com os dois primeiros produtos:

» **ISO 30300 (2011)** – *Management System for Records – Fundamental and Vocabulary*; e
» **ISO 30301 (2011)** – *Management System for Records – Requirements*.

Dessa forma, a "norma 30300 é a norma 'guarda-chuva' ou introdutória de toda a série. Define o vocabulário ou terminologia que se utilizará nas restantes normas e apresenta a justificação e o enfoque de toda a série" (Ruesta, 2012, p. 7).

Devemos destacar, em relação às normas ISO mais conhecidas e implementadas, como a 9001 e a 14001, que

> Em todas elas, uma parte essencial da sua abordagem é a criação de documentos (documentação) que rege o sistema de gestão: o planejamento do sistema (política, objetivos e planos), das operações (procedimentos), da análise de riscos ou do impacto da atividade da organização na sociedade. Outro dos pilares desta forma de entender as organizações passa por documentar todas as evidências das suas atividades, de forma a que posteriormente possam ser auditadas e sirvam como prova de determinados comportamentos [...] Por isso, a série de normas 30300 nasce desde o princípio com uma vontade integradora. Estabelecendo uma política e objetivos para a gestão documental, ajuda-se as organizações na implementação de outros sistemas de gestão, nas tarefas de gestão de riscos e no exercício da responsabilidade social. (Ruesta, 2012, p. 15)

Assim, a implementação da série de normas ISO 30300 contribuirá para que as organizações alcancem os objetivos traçados por outras normas de sistemas, como a ISO 9001.

Ainda de acordo com Ruesta, todas as organizações podem implementar a ISO 30301. Contudo, o autor destaca algumas características que tornam as empresas candidatas preferenciais para a implementação da ISO 30301:

» Organizações que implementaram outra norma de sistemas de gestão (9001, 14001, 27001, 50001, etc.). A complementaridade e a implementação integrada permitem um menor esforço, obtendo grandes benefícios na gestão da documentação do sistema de gestão já implementado.

» Organizações que formalizaram o seu sistema de gestão documental seguindo as boas práticas da ISO 15489. Os controles e os processos documentais estão operacionais, pelo que a implementação da 30301 centrar-se-á na elaboração da documentação, comunicação e implementação dos processos de auditoria, revisão e melhoria contínua.

» Organizações em que a informação e a documentação sejam o principal elemento da sua atividade. Um exemplo claro são os organismos reguladores, que exercem a sua atividade recebendo informação dos seus regulados e do mercado onde atuam, analisando-a e agindo em consequência. Para estas organizações a informação é mais do que estratégica, constituindo, além do mais, a matéria-prima com que trabalham.

» Organizações em que o processo de adaptação ao contexto digital exige uma reformulação da gestão da informação e dos documentos. A metodologia da ISO 30301 permite abordar estes processos com a garantia de não estar a "inventar a roda". (Ruesta, 2012, p. 19)

Você sabia?

Quando uma empresa decide pela implementação da ISO 9001, por exemplo, uma das etapas desse processo é a indicação da pessoa que irá representar a direção, denominada *representante de direção* (RD). Ela deve conhecer muito bem os processos da organização, pois terá de desenvolver documentos de acordo com sua área de atuação, como manuais de procedimentos, formulários e instruções de trabalho, além de ser responsável pelo gerenciamento da implementação. Nesse contexto, o profissional de secretariado exerce um papel significativo no desenvolvimento de estratégias e na elaboração de documentos e é um importante aliado do RD, podendo também ele mesmo assumir essa função.

Como podemos ver, existe uma variada gama de informações que contribuem para a realização de uma gestão eficiente dos arquivos eletrônicos.

É importante sempre lembrarmos que este material é apenas um indicativo dos documentos e das normas, bem como das demais pesquisas existentes sobre o GED; assim, cabe a cada profissional envolvido na gestão de documentos buscar informações e identificar a base legal conforme a especificidade da sua área de atuação.

Para finalizar, que tal conhecermos os "dez mandamentos" da preservação digital? Essas orientações, apresentadas a seguir, foram elaboradas pelo Arquivo Central do Sistema de Arquivos da Universidade Estadual de Campinas (AC/Siarq/Unicamp).

> **"Dez mandamentos" da preservação digital**
> 1. Manterás uma política de preservação
> 2. Não dependerás de *hardware* específico
> 3. Não dependerás de *software* específico
> 4. Não confiarás em sistemas gerenciadores como única forma de acesso ao documento digital
> 5. Migrarás seus documentos de suporte e formato periodicamente
> 6. Replicarás os documentos em locais fisicamente separados
> 7. Não confiarás cegamente no suporte de armazenamento
> 8. Não deixarás de fazer *backup* e cópias de segurança
> 9. Não preservarás lixo digital
> 10. Garantirás a autenticidade dos documentos digitais

Fonte: Innarelli, 2015.

Síntese

Neste capítulo, o tema central foi a gestão eletrônica de documentos. Abordamos o gerenciamento eletrônico de documentos (GED), que pode ser atribuído aos documentos que já surgiram em formato digital, àqueles que serão transformados nesse formato ou ainda aos que permanecerão na forma de papel ou em qualquer outro suporte, mas que são gerenciados por sistemas de informação como o próprio GED.

Vimos que os metadados são elementos fundamentais em um sistema de gestão eletrônica, pois propiciam a rápida localização dos documentos, uma vez que são dados de descrição que alimentam o sistema com informações múltiplas e precisas sobre o objeto em questão, tornando-se a base para o gerenciamento dos documentos de cada organização. Nesse gerenciamento, vimos também o quanto são importantes os princípios da arquivística, tanto que foi criada uma definição de GED relacionada a essa área do conhecimento, o GED/A, que acrescenta aos sistemas tradicionais particularidades para auxiliar os profissionais no tratamento de documentos considerados de caráter arquivístico.

Outro ponto relevante que apresentamos neste capítulo foram as normas ISO de certificação relacionadas à arquivística, como a ISO 15489-1 e a série de normas ISO 30300, que trazem algumas padronizações importantes para a gestão de documentos, principalmente no caso daqueles oriundos de organismos vinculados ao Conselho Nacional de Arquivos (Conarq). Também destacamos que a série ISO 30300 pode gerar muitos benefícios às organizações, pois ela pode ser integrada às demais normas de certificação existentes e conhecidas, como a ISO 9001, potencializando ainda mais a qualidade das informações geradas.

Questões para revisão

1. (Instituto Federal de Farroupilha – 2013 – Cargo: Arquivista) Qual é a norma que especifica os requisitos para a implantação do Sistema de Gestão de Segurança da Informação (SGSI)?
   a) ISO 30300.
   b) ISO 23081.
   c) ISO 27001.
   d) ISO 9001.
   e) ISO 14000.

2. (Instituto Federal de Farroupilha – 2013 – Cargo: Arquivista) Os documentos digitais apresentam três tipos de problemas

quanto à sua preservação, aos quais o arquivista deve estar atento. Quais são eles?

a) Impossibilidade de reprodução do documento, incompatibilidade com novas tecnologias e com o *software*.
b) Degradação do suporte, perda de dados em transpor de formato.
c) Impossibilidade de reprodução do documento, obsolescência do suporte e de formatos.
d) Impossibilidade de adoção de novas tecnologias e *softwares*.
e) Degradação do suporte, obsolescência do suporte e do *software* e formatos.

3. (Instituto Federal de Farroupilha – 2013 – Cargo: Arquivista) Relacione a segunda coluna de acordo com a primeira.

1ª coluna

I) Documento arquivístico digital
II) Documento arquivístico
III) Documento digital
IV) Documento

2ª coluna

( ) Unidade de registro de informações, qualquer que seja o formato ou o suporte.
( ) Documento digital que é reconhecido e tratado como um documento arquivístico, e possuem relação orgânica entre si.
( ) Informação registrada, codificada em dígitos binários, acessível e interpretável por meio de sistema computacional.

( ) Documento produzido (elaborado ou recebido), no curso de uma atividade prática, como instrumento ou resultado de tal atividade e retido para ação ou referência.

A sequência correta é:

a) II – I – III – IV
b) I – IV – III – II
c) I – III – II – IV
d) IV – III – II – I
e) IV – I – III – II

4. Que benefícios a implementação de uma norma, como as da série ISO 30301, pode trazer para uma empresa, seja ela pública, seja ela privada?

5. Sabemos que uma norma ISO pode ser implementada em qualquer instituição. Contudo, Ruesta (2012) destaca algumas características que indicam as organizações candidatas preferenciais para a implementação da ISO 30301. Que características são essas?

> **Para saber mais**
>
> Para aprofundar seus conhecimentos sobre os assuntos deste capítulo, indicamos a leitura da seguinte obra:
>
> RUESTA, C. B. **Série ISO 30300**: sistema de gestão para documentos de arquivo. Lisboa: BAD, 2012. Disponível em: <http://www.bad.pt/publicacoes/Serie_ISO_30300.pdf>. Acesso em: 11 fev. 2015.

Estudo de caso

A empresa Halifax – Medicamentos Oncológicos tem múltiplos processos produtivos e de gestão administrativa. Ela tanto opera na pesquisa e no desenvolvimento de medicamentos contra o câncer quanto se ocupa com a produção em escala industrial, a distribuição e a comercialização destes em estabelecimentos hospitalares e farmacêuticos.

No momento, a empresa está desenvolvendo um potente inibidor para tumores oncológicos em tecidos da cavidade orofaríngea, com base em um extrato derivado de uma espécie de xaxim. Em função dos resultados promissores que têm sido alcançados até o momento, é importante que ocorra uma divulgação prévia deles que funcione como *marketing* para a organização e para seu futuro produto, sem, contudo, revelar de qual espécie de xaxim se trata.

Uma vez revelada, a espécie poderia ser explorada de modo predatório por pessoas bem intencionadas, mas que não conhecem o processo de fabricação do extrato nem o risco envolvido na administração dele.

A exploração desse tipo de xaxim, por outro lado, poderia comprometer os esforços da empresa para gerar um produto lucrativo. Tais esforços envolvem desde a criação de documentos que relatam a pesquisa e atendem à legislação para a produção de medicamentos até a projeção financeira e os balanços contábeis.

Portanto, as informações sobre a Halifax devem ser selecionadas para a divulgação ao público, mas sempre com respeito à legislação e aos interesses da empresa. Os acionistas também estão interessados na pesquisa e se sentem entusiasmados com os dados promissores, requerendo demonstrativos de projeção econômica e planos de *marketing* para o lançamento do produto.

Tendo em conta essas informações, considere os seguintes questionamentos:

a) Existem modalidades de gerenciamento arquivístico próprias para tarefas específicas da empresa Halifax – Medicamentos Oncológicos. Que recomendações você, ou o seu grupo, faria à empresa como políticas estratégicas de gestão de documentos para as áreas de pesquisa, produção, distribuição e comercialização?

b) Qual é a temporalidade dos documentos mencionados no item anterior no contexto das políticas estratégicas?

c) Nomeie os interessados no extrato de xaxim e em sua produção.

d) Crie um sistema de classificação das informações desse projeto tendo em vista o acesso à informação.

e) Que critérios você, ou o seu grupo, utilizaria para divulgar as informações do produto aos vários interessados no extrato?

Para concluir...

Chegamos ao final de uma importante reflexão sobre o desafio da gestão da informação no contexto empresarial. Buscamos aqui indicar possíveis caminhos àqueles que, como o profissional de secretariado, atuam diretamente na gestão de informações, seja no seu dia a dia, filtrando as informações que chegam aos seus gestores, seja exercendo a guarda de documentos relevantes e que constituem a vida da empresa em que trabalham.

Muito além de estabelecermos conceitos, tentamos demonstrar, por meio de exemplos de situações cotidianas, a atenção que deve ser dada à informação, desde a sua origem, para que seja realmente considerada uma informação que irá gerar um documento, aquilo que efetivamente contribuirá para o assunto em discussão. E somente consegue promover esse filtro das informações quem conhece a organização em que trabalha e entende como funciona cada um dos seus departamentos.

A gestão da informação está diretamente relacionada à maneira como se estrutura a empresa; por isso, é fundamental conhecer o funcionamento de cada área, bem como o modo como cada informação é gerada e tratada no seu contexto.

Por sua vez, de nada adiantará termos uma informação precisa se esta não puder ser encontrada no momento em que a gestão dela necessitar. Nesse contexto, a adoção de métodos de arquivamento adequados à demanda e à realidade de cada empresa, bem como de sistemas alimentados com metadados precisos, é um bom parâmetro para quem deseja gerenciar a informação de maneira eficaz.

Glossário[1]

Acervo: documentos de uma entidade produtora ou de uma entidade custodiadora.

Aditamento: informação acrescentada a um documento para alterá-lo, explicando ou corrigindo seu conteúdo.

Alienação: transmissão formal da custódia ou da propriedade de documentos ou arquivos.

Anexação: juntada, em caráter definitivo, de documento ou processo a outro processo, na qual prevalece, para referência, o número do processo mais antigo.

Anexo: documento ou processo juntado, em caráter definitivo, a outro documento ou processo, eventualmente de mesma procedência, por afinidade de conteúdo.

Apensação: juntada, em caráter temporário, com o objetivo de elucidar ou subsidiar a matéria tratada, conservando cada processo a sua identidade e independência.

Apócrifo: documento de autenticidade não reconhecida.

Armazenamento de dados: guarda de documentos e informações em meio eletrônico.

---
[1] O conteúdo deste glossário foi extraído do *Dicionário brasileiro de terminologia arquivística* (Arquivo Nacional, 2005).

Arranjo: sequência de operações intelectuais e físicas que visam à organização dos documentos de um arquivo ou coleção, de acordo com um plano ou quadro previamente estabelecido.

Atividade-meio: atividade que fornece apoio à consecução das atividades-fim de uma instituição. Também chamada *atividade mantenedora*.

Averbação: anotação oficial em documento que o altera ou complementa.

Coleção: conjunto de documentos com características comuns, reunidos intencionalmente.

Destinação: decisão, com base na avaliação, quanto ao encaminhamento de documentos para guarda permanente, descarte ou eliminação.

Dossiê: conjunto de documentos relacionados entre si por assunto (ação, evento, pessoa, lugar, projeto), que constitui uma unidade de arquivamento.

Espécie documental: divisão do gênero documental que reúne tipos documentais por seu formato. São exemplos de espécies documentais: ata, carta, decreto, disco, filme, folheto, fotografia, memorando, ofício, planta e relatório.

Fundo: conjunto de documentos de uma mesma proveniência. Termo que equivale a *arquivo*.

Guia: instrumento de pesquisa que oferece informações gerais, fundos e coleções existentes em um ou mais arquivos.

Indexação: processo pelo qual documentos ou informações são representados por termos, palavras-chave ou descritores, propiciando a recuperação da informação.

Índice: relação sistemática de nomes de pessoas, lugares, assuntos ou datas contidos em documentos ou em instrumentos de pesquisa, acompanhados das referências para sua localização.

Inventário: instrumento de pesquisa que descreve, sumária ou analiticamente, as unidades de arquivamento de um fundo ou parte dele, cuja apresentação obedece a uma ordenação lógica que poderá refletir ou não a disposição física dos documentos.

Notação: código de identificação que permite a ordenação ou localização das unidades de arquivamento. Também chamado *cota*. Se em vigor e formulado de acordo com a Norma Geral Internacional de Descrição Arquivística – ISAD(G) –, equivale a *código de referência*.

Organicidade: relação natural entre documentos de um arquivo em decorrência das atividades da entidade produtora.

Plano de classificação: esquema de distribuição de documentos em classes, de acordo com métodos de arquivamento específicos, elaborado a partir do estudo das estruturas e funções de uma instituição e da análise do arquivo por ela produzido. Expressão geralmente adotada em arquivos correntes.

Plano de destinação: esquema no qual se fixa a destinação dos documentos.

Prazo de guarda: prazo, definido na tabela de temporalidade e baseado em estimativas de uso, em que documentos deverão ser mantidos no arquivo corrente ou no arquivo intermediário, ao fim do qual a destinação é efetivada. Também chamado *período de retenção* ou *prazo de retenção*.

Princípio da proveniência: princípio básico da arquivologia segundo o qual o arquivo produzido por uma entidade coletiva, pessoa ou família não deve ser misturado aos de outras entidades produtoras. Também chamado *princípio do respeito aos fundos*.

Série: subdivisão do quadro de arranjo que corresponde a uma sequência de documentos relativos a uma mesma função, atividade, tipo documental ou assunto.

Sistema de arquivamento: conjunto de rotinas, procedimentos e métodos de arquivamento compatíveis entre si, tendo em vista a organização e a preservação de documentos ou arquivos, bem como o acesso às informações neles contidas.

Tabela de temporalidade: instrumento de destinação, aprovado por autoridade competente, que determina prazos e condições de guarda tendo em vista a transferência, recolhimento, descarte ou eliminação de documentos.

Valor primário: valor atribuído a documento em função do interesse que possa ter para a entidade produtora, levando-se em conta a sua utilidade para fins administrativos, legais e fiscais.

> Você pode conferir o significado de muitos outros termos no *Dicionário brasileiro de terminologia arquivística*, disponível no *link* indicado a seguir.
> ARQUIVO NACIONAL. **Dicionário brasileiro de terminologia arquivística**. Rio de Janeiro, 2005. Disponível em: <http://www.arquivonacional.gov.br/Media/Dicion%20Term%20Arquiv.pdf>. Acesso em: 11 fev. 2015.

Referências

ALVARENGA NETO, R. C. D. de. **Gestão do conhecimento em organizações**: proposta de mapeamento conceitual integrativo. 400 f. Tese (Doutorado em Ciências da Informação) - Universidade Federal de Minas Gerais, Belo Horizonte, 2005.

ARQUIVO NACIONAL. **Dicionário brasileiro de terminologia arquivística**. Rio de Janeiro, 2005. Disponível em: <http://www.arquivonacional.gov.br/Media/Dicion%20Term%20Arquiv.pdf>. Acesso em: 9 fev. 2015.

____. **Subsídios para um dicionário brasileiro de terminologia arquivística**. Rio de Janeiro, 2004. Disponível em: <http://www.arquivonacional.gov.br/download/dic_term_arq.pdf>. Acesso em: 9 fev. 2015.

BARBOSA, R. R. Gestão da informação e do conhecimento: origens, polêmicas e perspectivas. **Informação e Informação**, Londrina, v. 13, n. especial, p. 1-25, 2008. Disponível em: <http://www.uel.br/revistas/uel/index.php/informacao/article/view/1843/1556>. Acesso em: 9 fev. 2015.

BAβELER, U.; HEINRICH, J.; KOCH, W. **Grundlagen und Probleme der Volkswirtschaft**: Lehr - und Arbeitsbuch mit lernzielorientierten Leitfragen, grundlegenden Informationen und Arbeitsaufgaben. Colônia: Wirtschaftsverlag Bachem GMBH, 1998.

BELLOTTO, H. L. **Arquivística**: objetos, princípios e rumos. São Paulo: Associação de Arquivistas de São Paulo, 2002.

BERTHALANFFY, L. V. **Teoria geral dos sistemas**. Rio de Janeiro: Vozes, 1975.

BRASIL. Câmara dos Deputados. **Lei de Acesso à Informação**: Cartilha de Orientação ao Cidadão. Brasília, DF: Biblioteca Digital da Câmara dos Deputados. 2012a. Disponível em: <http://www.dacc.unir.br/submenu_arquivos/476_lei_acesso_cidadao.pdf>. Acesso em: 12 fev. 2015.

BRASIL. Constituição (1988). **Diário Oficial da União**, Brasília, DF, 5 out. 1988.

_____. Decreto n. 1.173, de 29 de junho de 1994. **Diário Oficial da União**, Poder Executivo, Brasília, DF, 30 jun. 1994. Disponível em: <http://www.planalto.gov.br/ccivil_03/decreto/D1173.htm>. Acesso em: 12 fev. 2015.

_____. Decreto n. 1.461, de 25 de abril de 1995. **Diário Oficial da União**, Poder Executivo, Brasília, DF, 26 abr. 1995. Disponível em: <http://www.planalto.gov.br/ccivil_03/decreto/D1461.htm>. Acesso em: 12 fev. 2015.

_____. Decreto n. 2.182, de 20 de março de 1997. **Diário Oficial da União**, Poder Executivo, Brasília, DF, 21 mar. 1997. Disponível em: <http://www.planalto.gov.br/ccivil_03/decreto/D2182.htm>. Acesso em: 12 fev. 2015.

_____. Decreto n. 2.942, de 18 de janeiro de 1999. **Diário Oficial da União**, Poder Executivo, Brasília, DF, 19 jan. 1999. Disponível em: <http://www.planalto.gov.br/ccivil_03/decreto/D2942.htm>. Acesso em: 12 fev. 2015.

_____. Decreto n. 4.073, de 3 de janeiro de 2002. **Diário Oficial da União**, Poder Executivo, Brasília, DF, 4 jan. 2002a. Disponível em: <http://www.planalto.gov.br/ccivil_03/decreto/2002/d4073.htm>. Acesso em: 12 jan. 2015.

BRASIL. Decreto n. 82.590, de 6 de novembro de 1978. **Diário Oficial da União**, Poder Executivo, Brasília, DF, 7 nov. 1978. Disponível em: <http://www.planalto.gov.br/ccivil_03/decreto/1970-1979/D82590.htm>. Acesso em: 12 fev. 2015.

_____. Decreto-Lei n. 486, de 3 de março de 1969. **Diário Oficial da União**, Poder Executivo, Brasília, DF, 4 mar. 1969. Disponível em: <http://www.planalto.gov.br/ccivil_03/decreto-lei/del0486.htm>. Acesso em: 29 mar. 2015.

_____. Lei n. 5.172, de 25 de outubro de 1966. **Diário Oficial da União**, Poder Legislativo, Brasília, DF, 27 out. 1966. Disponível em: <http://www.planalto.gov.br/ccivil_03/leis/l5172.htm>. Acesso em: 29 mar. 2015.

_____. Lei n. 7.377, de 30 de setembro de 1985. **Diário Oficial da União**, Poder Legislativo, Brasília, DF, 1 out. 1985. Disponível em: <http://www.planalto.gov.br/ccivil_03/leis/l7377consol.htm>. Acesso em: 12 fev. 2015.

_____. Lei n. 8.159, de 8 de janeiro de 1991. **Diário Oficial da União**, Poder Legislativo, Brasília, DF, 9 jan. 1991. Disponível em: <https://www.planalto.gov.br/ccivil_03/LEIS/L8159.htm>. Acesso em: 12 fev. 2015.

_____. Lei n. 9.430, de 27 de dezembro de 1996. **Diário Oficial da União**, Poder Legislativo, Brasília, DF, 30 dez. 1996. Disponível em: <http://www.planalto.gov.br/ccivil_03/leis/l9430.htm>. Acesso em: 29 mar. 2015.

_____. Lei n. 12.527, de 18 de novembro de 2011. **Diário Oficial da União**, Poder Legislativo, Brasília, DF, 18 nov. 2011. Disponível em: <http://www.planalto.gov.br/ccivil_03/_ato2011-2014/2011/lei/l12527.htm>. Acesso em: 9 fev. 2015.

BRASIL. Lei n. 12.682, de 9 de julho de 2012. **Diário Oficial da União**, Poder Legislativo, Brasília, DF, 10 jul. 2012b. Disponível em: <http://www.planalto.gov.br/ccivil_03/_Ato2011-2014/2012/Lei/L12682.htm>. Acesso em: 12 fev. 2015.

_____. Lei n. 12.965, de 23 de abril de 2014. **Diário Oficial da União**, Poder Legislativo, Brasília, DF, 24 abr. 2014. Disponível em: <http://www.planalto.gov.br/ccivil_03/_ato2011-2014/2014/lei/l12965.htm>. Acesso em: 12 fev. 2015.

BRASIL. Ministério da Educação. Portaria n. 255, de 20 de dezembro de 1990. **Diário Oficial da União**, Brasília, DF, 24 dez. 1990. Disponível em: <http://www.abgi.org.br/portaria_255.htm>. Acesso em: 12 fev. 2015.

_____. Portaria n. 1.224, de 18 de dezembro de 2013. **Diário Oficial da União**, Brasília, DF, 19 dez. 2013a. Disponível em: < http://www.siga.arquivonacional.gov.br/cgi/cgilua.exe/sys/start.htm?infoid=287&sid=170>. Acesso em: 12 fev. 2015.

_____. Portaria n. 1.261, de 23 de dezembro de 2013. **Diário Oficial da União**, Brasília, DF, 24 dez. 2013b. Disponível em: <http://www.siga.arquivonacional.gov.br/cgi/cgilua.exe/sys/start.htm?infoid=288&sid=170>. Acesso em: 12 fev. 2015.

BRASIL. Presidência da República. **Manual de Redação da Presidência da República**. 2. ed. rev. e atual. Brasília, 2002b. Disponível em: <http://www.planalto.gov.br/ccivil_03/manual/ManualRedPR2aEd.PDF>. Acesso em: 9 fev. 2015.

CASSARO, A. C. **Sistemas de informações para tomada de decisões**. 3. ed. São Paulo: Pioneira Thomson Learning, 2003.

CASTRO, J. de L.; VICTORINO, C. R.; TOBIAS, J. J. **Guarda e manutenção de documentos fiscais**. 3. ed. Brasília: Fenacon, 2011.

CHIAVENATO, I. **Introdução à teoria geral da Administração**. 6. ed. Rio de Janeiro: Campus, 2000.

CONARQ – Conselho Nacional de Arquivos. Disponível em: <http://www.conarq.arquivonacional.gov.br/cgi/cgilua.exe/sys/start.htm?sid=4>. Acesso em: 12 fev. 2015.

_____. **Classificação, temporalidade e destinação de documentos de arquivo relativos às atividades-meio da Administração Pública**. Rio de Janeiro: Arquivo Nacional, 2001. Disponível em: <http://www.conarq.arquivonacional.gov.br/Media/resolucao_14.pdf>. Acesso em: 9 fev. 2015.

_____. **Diretrizes para a gestão arquivística do correio eletrônico corporativo**. Rio de Janeiro: Câmara Técnica de Documentos Eletrônicos, 2012a. Disponível em: <http://conarq.arquivonacional.gov.br/media/diretrizes_gestao_correio_eletronico.pdf>. Acesso em: 11 fev. 2015.

_____. **Diretrizes para a presunção de autenticidade de documentos arquivísticos digitais**. Rio de Janeiro, 2012b. Disponível em: <http://www.conarq.arquivonacional.gov.br/media/diretrizes_presuncao_autenticidade_publicada.pdf>. Acesso em: 12 fev. 2015.

_____. **e-ARQ Brasil**: modelo de requisitos para sistemas informatizados de gestão arquivística de documentos. Rio de Janeiro, 2011. Disponível em: <http://www.conarq.arquivonacional.gov.br/media/publicacoes/earq/conarq_earqbrasil_model_requisitos_2009.pdf>. Acesso em: 12 fev. 2015.

_____. **Gestão arquivística de documentos eletrônicos**. Rio de Janeiro: Câmara Técnica de Documentos Eletrônicos, 2004. Disponível em: <http://documentoseletronicos.arquivonacional.gov.br/Media/publicacoes/gt_gestao_arquivistica__pagina_web_corrigido3.pdf>. Acesso em: 12 fev. 2015.

CURSOS PROFISSIONALIZANTES. **Técnicas de arquivamento**. 2008. 72 dispositivos: color. Disponível em: <http://www.slideshare.net/profissionalizando/tecnicas-de-arquivamento>. Acesso em: 10 fev. 2015.

DURANTE, D. G. **Tópicos especiais em técnicas de secretariado**. Curitiba: Iesde Brasil, 2012.

ESTRUTURA ORGANIZACIONAL. **Funcionograma**. 2013. Disponível em: <http://admfi005.blogspot.com.br/2013/11/funcionograma. html>. Acesso em: 12 fev. 2015.

ETERNO, D. **Arquivos conceitos e princípios**. Disponível em: <http://www.professordarlan.com.br/arquivos/ARQUIVOS_CONCEITOS_PRINCIPIOS.pdf>. Acesso em: 12 fev. 2015.

FERNANDO, J. **Arquivo e documentação**. Disponível em: <http://pt.scribd.com/doc/7025186/Arquivologia-Exercicios>. Acesso em: 10 fev. 2015.

FRANCO, M. R. **Contribuições da incubadora tecnológica da Universidade Federal do Paraná para o desenvolvimento de cooperativas**: um estudo de caso. 182 f. Dissertação (Mestrado em Administração) – Universidade Federal do Paraná, Curitiba, 2001.

FREIBERGER, Z. **Gestão de documentos e arquivística**. Disponível em: <http://ftp.comprasnet.se.gov.br/sead/licitacoes/Pregoes2011/PE091/Anexos/servi%E70_publico_modulo_I/gest%E30%20de%20documentos/Aula_9.3.pdf>. Acesso em: 10 fev. 2015.

GARCIA, E.; D'ELIA, M. E. S. **Secretária executiva**. São Paulo: IOB-Thomson, 2005.

GOMES, M. **Noções de arquivamento e procedimentos administrativos para o TJDFT**. 2012. Disponível em: <http://pt.scribd.com/doc/112189891/14/METODO-ALFANUMERICO>. Acesso em: 12 fev. 2015.

GRAHAM JÚNIOR, C. B.; HAYS, S. W. **Para administrar a organização pública**. Rio de Janeiro: J. Zahar, 1994.

GUIMARÃES, R. C. M. **Arquivos, museus, bibliotecas e centros de documentação**. Escola Superior Aberta do Brasil. Disponível em: <http://educacaoexecutiva.com.br/documents/arquivos_museus_bibliotecas_e_centros_conceitos.pdf>. Acesso em: 12 fev. 2015.

GUINCHAT, C.; MENOU, M. **Introdução geral às ciências e técnicas da informação e documentação**. 2. ed., rev. aum. Brasília: DBICT; FBB; CNPq, 1994.

GUSMÃO, T.; DIAS, S. **A gestão do conhecimento e o profissional de secretariado**: estudo de caso em um departamento de um órgão do Poder Judiciário. Disponível em: <http://www.fenassec.com.br/xviii_consec_2012/artigo_selecionado_gestao_conhecimento.pdf>. Acesso em: 12 nov. 2014.

HACKERS: criminosos e anjos. Direção: Mike Smith. EUA: Discovery Channel, 2005. 50 min.

HEMSLEY, R. J.; VASCONCELLOS, E. **Estruturas das organizações**: estruturas tradicionais, estruturas para inovação, estrutura matricial. São Paulo: Thomson Pioneira, 2002.

INMETRO – Instituto Nacional de Metrologia, Qualidade e Tecnologia. **Responsabilidade social**. Disponível em: <http://www.inmetro.gov.br/qualidade/responsabilidade_social/o-que-iso.asp>. Acesso em: 9 fev. 2015.

INNARELLI, H. C. **Os dez mandamentos da preservação digital**: uma brevíssima introdução. Disponível em: <http://www.fundacaobunge.org.br/biblioteca-bunge/documentos/areas.php?pag=2&id_section=3>. Acesso em: 9 fev. 2015.

KWASNICKA, E. L. **Introdução à administração**. São Paulo: Atlas, 1995.

LAUREANO, M. A. P.; MORAES, P. E. S. Segurança como estratégia de gestão da informação. **Revista Economia & Tecnologia**, Campinas, IEES, v. 8, n. 3, 2005.

LE COADIC, Y. F. **A ciência da informação**. 2 ed. Brasília: Briquet de Lemos, 2004.

LOPES, U. dos S. Arquivos e a organização da gestão documental. **Revista ACB**, Florianópolis, v. 9, n. 1, p. 113-122, 2004. Disponível em: <http://revista.acbsc.org.br/racb/article/view/412/523>. Acesso em: 10 fev. 2015.

LUCCA, G.; CHARÃO, A. S.; STEIN, B. de O. Metadados para um sistema de gestão eletrônica de documentos arquivísticos. **Arquivística.net**, v. 2, n. 1, 2006. Disponível em: <http://www.brapci.ufpr.br/download.php?ddo=6734>. Acesso em: 12 fev. 2015.

MARCHIORI, P. Z. A ciência e a gestão da informação: compatibilidades no espaço profissional. **Ciência da Informação**, Brasília: Ibict, v. 31, n. 2, p. 72-79, 2002. Disponível em: <http://revista.ibict.br/ciinf/index.php/ciinf/article/view/159>. Acesso em: 12 fev. 2015.

MARIANO, F. **Métodos de arquivamento e guarda de documentos**. Iesde. Disponível em: <http://concursospublicos.uol.com.br/aprovaconcursos/demo_aprova_concursos/arquivologia_para_concursos_04.pdf>. Acesso em: 10 fev. 2015.

MEDEIROS, J. B. **Manual da secretária**: técnicas de trabalho. 9. ed. São Paulo: Atlas, 2004.

MELO, J. M. de. A recepção das ideias de Wilbur Schramm no Brasil. In: SEMINÁRIO SCHRAMM: Os paradigmas da comunicação para o desenvolvimento. **Anais**... Recife: Programa de Pós-graduação e Extensão Rural e Desenvolvimento Local da Universidade Federal de Pernambuco, 2007. Disponível em: <http://www.eca.usp.br/associa/alaic/revista/r6/art_01.pdf>. Acesso em: 11 nov. 2014.

MORAES, P. E. S. **Estratégia de pesquisa sobre gestão da qualidade e da inovação tecnológica**: o caso de serrarias do polo madeireiro de Telêmaco Borba, Paraná. 167 f. Tese (Doutorado em Engenharia Florestal) - Universidade Federal do Paraná, Curitiba, 2007.

_____. **Introdução à gestão empresarial**. Curitiba: Ibpex, 2004.

MORESI, E. A. D. Delineando o valor do sistema de informação de uma organização. **Ciência da Informação**, Brasília, UnB, v. 29, n. 1, jan./abr. 2000. Disponível em: <http://www.scielo.br/pdf/ci/v29n1/v29n1a2.pdf>. Acesso em: 5 fev. 2015.

MURDOCK, G. Media, Culture and Modern Times: Social Science Investigations. In: JENSEN, K. B. (Ed.). **A Hand Book of Media and Communication Research**. Qualitative and Quantitative Methodologies. Londres: Routledge, 2003, p. 12-27.

NONATO JUNIOR, R. **Epistemologia e teoria do conhecimento em secretariado executivo**: a fundação das ciências da assessoria. Fortaleza: Expressão Gráfica, 2009.

O NOME da rosa. Direção: Jean-Jacques Annaud. Alemanha/França/Itália: 20th Century Fox Film Corporation/Warner Bros, 1986. 131 min.

OSBORN, A. F. **Applied Imagination**: Principles and Procedures of Creative Problem-Solving. New York: Scribner's Sons, 1953.

PAES, M. L. **Arquivos**: teoria e prática. 3. ed. Rio de Janeiro: Editora Fundação Getulio Vargas, 2004.

PORTO, M. A.; BANDEIRA, A. A. Processo decisório nas organizações. In: SIMPÓSIO DE ENGENHARIA DE PRODUÇÃO - SIMPEP, 8., 2006, Bauru. **Anais...** Bauru, SP: Unesp, 2006. Disponível em: <http://www.simpep.feb.unesp.br/anais/anais_13/artigos/980.pdf>. Acesso em: 12 fev. 2015.

PRADO, T. **Filme história dos arquivos**. 2011. Disponível em: <http://www.youtube.com/watch?v=cJOUGssmk5E>. Acesso em: 9 fev. 2015.

PROBST, G.; RAUB, S.; ROMHARDT, K. **Gestão do conhecimento**: os elementos constitutivos do sucesso. Porto Alegre: Bookman, 2002.

RODRIGUES. A. M. L. A teoria dos arquivos e a gestão de documentos. **Perspectivas em Ciência da Informação**, Belo Horizonte, v. 11, n. 1, p. 102-117, jan./abr. 2006. Disponível em: <http://www.scielo.br/pdf/pci/v11n1/v11n1a09>. Acesso em: 12 fev. 2015.

RONDINELLI, R. C. **Gerenciamento arquivístico de documentos eletrônicos**: uma abordagem teórica da diplomática arquivística contemporânea. Rio de Janeiro: FGV, 2002.

_____. **O conceito de documento arquivístico frente à realidade digital**: uma revisitação necessária. 270 f. Tese (Doutorado em Ciência da Informação) – Universidade Federal Fluminense, Niterói, 2011. Disponível em: <http://www.siarq.unicamp.br/siarq/images/siarq/publicacoes/preservacao_digital/tese_rondinelli.pdf>. Acesso em: 12 fev. 2014.

RUESTA, C. B. **Série ISO 30300**: sistema de gestão para documentos de arquivo. Lisboa: BAD, 2012. Disponível em: <http://www.bad.pt/publicacoes/Serie_ISO_30300.pdf>. Acesso em: 11 fev. 2015.

SANTOS, M. V.; VIVEKANANDA, K. C. K. **Gestão de documentos de A a Z**. Gestão de documentos eletrônicos. Curitiba: Camões, 2008.

SCHEIN, E. H. **Cultura organizacional e liderança**. São Paulo: Atlas, 2009.

SCHRAMM, W. **The Beginnings of Communication Study in America**: A Personal Memoir. Londres: Sage, 1997.

SEBRAE – Serviço Brasileiro de Apoio às Micro e Pequenas Empresas. **Manual de ferramentas da qualidade**. Disponível em: <http://www.dequi.eel.usp.br/~barcza/FerramentasDaQualidadeSEBRAE.pdf>. Acesso em: 25 out. 2014.

SEBRAE/MG – Serviço Brasileiro de Apoio às Micro e Pequenas Empresas – Minas Gerais. **Como elaborar um plano de negócio**. Disponível em: <http://www.spartansite.com.br/curso/sebraemg_planonegocios.htm>. Acesso em: 11 fev. 2015.

SILVA NETO, C. E. da; MACIEL, J. W. G. A era da gestão eletrônica de documentos: o uso do hipertexto na recuperação da informação em arquivos. **PontodeAcesso**, Salvador, v. 6, n. 1, p. 49-74, abr. 2012. Disponível em: <http://www.portalseer.ufba.br/index.php/revistaici/article/viewFile/4541/4347>. Acesso em: 12 fev. 2015.

SILVA, A. B. M. da. **A gestão da informação arquivística e suas repercussões na produção do conhecimento científico**. Disponível em: <http://www.conarq.arquivonacional.gov.br/Media/publicacoes/ibericas/a_gesto_da_informao_arquivstica.pdf>. Acesso em: 12 fev. 2014.

SILVA, C. G. D. et al. A interação entre as adversidades da cultura organizacional e o gerenciamento de processos de negócios. **Tecnologias em Projeção**. v. 5, n. 2. Disponível em: <http://revista.faculdadeprojecao.edu.br/index.php/Projecao4/article/view/425/382>. Acesso em: 15 dez. 2014.

SILVA, D. P. da et al. **GED**: gerenciamento eletrônico de documentos – a tecnologia que está mudando o mundo. Disponível em: <http://www.iterasolucoes.com.br/Site/images/stories/Itera/SalaLeitura/ged_gerenciamento_eletronico_de_documentos.pdf>. Acesso em: 12 fev. 2014.

SILVA, N. O. **Razão da entropia nos sistemas e alternativas de solução**. 18 f. Monografia (Disciplina Teoria Geral da Administração – Graduação) Faculdades Sagrada Família: Brasília, 2009. Disponível em: <http://www.faculdadesagradafamilia.com.br/admin/app/webroot/anexos/_artigosistemas.pdf>. Acesso em: 15 nov. 2014.

SILVA, T. E. da. Editorial. **Revista Informação & Informação**, Londrina, UEL, v. 12, n. 12, jul./dez. 2007.

SOUSA, F. C. de; BICA, J. M. B. P.; MONTEIRO, I. P. Aprendendo com o insucesso: um estudo de caso de aplicação da resolução criativa de problemas ao projeto educativo. **Estudos de Psicologia**, Campinas, PUC, v. 31, n. 1, jan./mar. 2014.

SVEIBY, K.-E. **A nova riqueza das organizações**: gerenciando e avaliando patrimônios de conhecimento. Rio de Janeiro: Campus, 2003.

THOMAZ, K. P.; SANTOS, V. M. dos. Metadados para o gerenciamento eletrônico de documentos de caráter arquivístico – GED/A: estudo comparativo de modelos e formulação de uma proposta preliminar. **DataGramaZero – Revista de Ciência da Informação**, v. 4, n. 4, ago. 2003. Disponível em: <http://www.dgz.org.br/ago03/Art_04.htm>. Acesso em: 12 fev. 2015.

UNICAMP – Universidade Estadual de Campinas. **Modelo de melhoria e ferramentas da qualidade**. Programa Black Belt – Unicamp. Disponível em: <http://www.ime.unicamp.br/~hildete/ferram1.pdf>. Acesso em: 25 nov. 2014.

VALENTIM, M. L. P. et al. O processo de inteligência competitiva em organizações. **DataGramaZero – Revista de Ciência da Informação**, v. 4, n. 3, jun. 2003. Disponível em: <http://www.dgz.org.br/jun03/Art_03.htm>. Acesso em: 9 fev. 2015.

Anexo

Lei n. 12.527, de 18 de novembro de 2011

Regula o acesso a informações previsto no inciso XXXIII do art. 5°, no inciso II do § 3° do art. 37 e no § 2° do art. 216 da Constituição Federal; altera a Lei n. 8.112, de 11 de dezembro de 1990; revoga a Lei n. 11.111, de 5 de maio de 2005, e dispositivos da Lei n. 8.159, de 8 de janeiro de 1991; e dá outras providências.

A PRESIDENTA DA REPÚBLICA Faço saber que o Congresso Nacional decreta e eu sanciono a seguinte Lei:

CAPÍTULO I
DISPOSIÇÕES GERAIS

Art. 1° Esta Lei dispõe sobre os procedimentos a serem observados pela União, Estados, Distrito Federal e Municípios, com o fim de garantir o acesso a informações previsto no inciso XXXIII do art. 5°, no inciso II do § 3° do art. 37 e no § 2° do art. 216 da Constituição Federal.

Parágrafo único. Subordinam-se ao regime desta Lei:

I – os órgãos públicos integrantes da administração direta dos Poderes Executivo, Legislativo, incluindo as Cortes de Contas, e Judiciário e do Ministério Público;

II – as autarquias, as fundações públicas, as empresas públicas, as sociedades de economia mista e demais entidades controladas direta ou indiretamente pela União, Estados, Distrito Federal e Municípios.

Art. 2º Aplicam-se as disposições desta Lei, no que couber, às entidades privadas sem fins lucrativos que recebam, para realização de ações de interesse público, recursos públicos diretamente do orçamento ou mediante subvenções sociais, contrato de gestão, termo de parceria, convênios, acordo, ajustes ou outros instrumentos congêneres.

Parágrafo único. A publicidade a que estão submetidas as entidades citadas no *caput* refere-se à parcela dos recursos públicos recebidos e à sua destinação, sem prejuízo das prestações de contas a que estejam legalmente obrigadas.

Art. 3º Os procedimentos previstos nesta Lei destinam-se a assegurar o direito fundamental de acesso à informação e devem ser executados em conformidade com os princípios básicos da administração pública e com as seguintes diretrizes:

I – observância da publicidade como preceito geral e do sigilo como exceção;

II – divulgação de informações de interesse público, independentemente de solicitações;

III – utilização de meios de comunicação viabilizados pela tecnologia da informação;

IV – fomento ao desenvolvimento da cultura de transparência na administração pública;

V – desenvolvimento do controle social da administração pública.

Art. 4º Para os efeitos desta Lei, considera-se:

I – informação: dados, processados ou não, que podem ser utilizados para produção e transmissão de conhecimento, contidos em qualquer meio, suporte ou formato;

II – documento: unidade de registro de informações, qualquer que seja o suporte ou formato;

III – informação sigilosa: aquela submetida temporariamente à restrição de acesso público em razão de sua imprescindibilidade para a segurança da sociedade e do Estado;

IV – informação pessoal: aquela relacionada à pessoa natural identificada ou identificável;

V – tratamento da informação: conjunto de ações referentes à produção, recepção, classificação, utilização, acesso, reprodução, transporte, transmissão, distribuição, arquivamento, armazenamento, eliminação, avaliação, destinação ou controle da informação;

VI – disponibilidade: qualidade da informação que pode ser conhecida e utilizada por indivíduos, equipamentos ou sistemas autorizados;

VII – autenticidade: qualidade da informação que tenha sido produzida, expedida, recebida ou modificada por determinado indivíduo, equipamento ou sistema;

VIII – integridade: qualidade da informação não modificada, inclusive quanto à origem, trânsito e destino;

IX – primariedade: qualidade da informação coletada na fonte, com o máximo de detalhamento possível, sem modificações.

Art. 5º É dever do Estado garantir o direito de acesso à informação, que será franqueada, mediante procedimentos objetivos e ágeis, de forma transparente, clara e em linguagem de fácil compreensão.

CAPÍTULO II
DO ACESSO A INFORMAÇÕES E DA SUA DIVULGAÇÃO

Art. 6º Cabe aos órgãos e entidades do poder público, observadas as normas e procedimentos específicos aplicáveis, assegurar a:

I - gestão transparente da informação, propiciando amplo acesso a ela e sua divulgação;

II - proteção da informação, garantindo-se sua disponibilidade, autenticidade e integridade; e

III - proteção da informação sigilosa e da informação pessoal, observada a sua disponibilidade, autenticidade, integridade e eventual restrição de acesso.

Art. 7º O acesso à informação de que trata esta Lei compreende, entre outros, os direitos de obter:

I - orientação sobre os procedimentos para a consecução de acesso, bem como sobre o local onde poderá ser encontrada ou obtida a informação almejada;

II - informação contida em registros ou documentos, produzidos ou acumulados por seus órgãos ou entidades, recolhidos ou não a arquivos públicos;

III - informação produzida ou custodiada por pessoa física ou entidade privada decorrente de qualquer vínculo com seus órgãos ou entidades, mesmo que esse vínculo já tenha cessado;

IV - informação primária, íntegra, autêntica e atualizada;

V - informação sobre atividades exercidas pelos órgãos e entidades, inclusive as relativas à sua política, organização e serviços;

VI - informação pertinente à administração do patrimônio público, utilização de recursos públicos, licitação, contratos administrativos; e

VII – informação relativa:
  a) à implementação, acompanhamento e resultados dos programas, projetos e ações dos órgãos e entidades públicas, bem como metas e indicadores propostos;
  b) ao resultado de inspeções, auditorias, prestações e tomadas de contas realizadas pelos órgãos de controle interno e externo, incluindo prestações de contas relativas a exercícios anteriores.

§ 1° O acesso à informação previsto no *caput* não compreende as informações referentes a projetos de pesquisa e desenvolvimento científicos ou tecnológicos cujo sigilo seja imprescindível à segurança da sociedade e do Estado.

§ 2° Quando não for autorizado acesso integral à informação por ser ela parcialmente sigilosa, é assegurado o acesso à parte não sigilosa por meio de certidão, extrato ou cópia com ocultação da parte sob sigilo.

§ 3° O direito de acesso aos documentos ou às informações neles contidas utilizados como fundamento da tomada de decisão e do ato administrativo será assegurado com a edição do ato decisório respectivo.

§ 4° A negativa de acesso às informações objeto de pedido formulado aos órgãos e entidades referidas no art. 1°, quando não fundamentada, sujeitará o responsável a medidas disciplinares, nos termos do art. 32 desta Lei.

§ 5° Informado do extravio da informação solicitada, poderá o interessado requerer à autoridade competente a imediata abertura de sindicância para apurar o desaparecimento da respectiva documentação.

§ 6° Verificada a hipótese prevista no § 5° deste artigo, o responsável pela guarda da informação extraviada deverá, no prazo de 10 (dez) dias, justificar o fato e indicar testemunhas que comprovem sua alegação.

Art. 8º É dever dos órgãos e entidades públicas promover, independentemente de requerimentos, a divulgação em local de fácil acesso, no âmbito de suas competências, de informações de interesse coletivo ou geral por eles produzidas ou custodiadas.

§ 1º Na divulgação das informações a que se refere o *caput*, deverão constar, no mínimo:

I – registro das competências e estrutura organizacional, endereços e telefones das respectivas unidades e horários de atendimento ao público;

II – registros de quaisquer repasses ou transferências de recursos financeiros;

III – registros das despesas;

IV – informações concernentes a procedimentos licitatórios, inclusive os respectivos editais e resultados, bem como a todos os contratos celebrados;

V – dados gerais para o acompanhamento de programas, ações, projetos e obras de órgãos e entidades; e

VI – respostas a perguntas mais frequentes da sociedade.

§ 2º Para cumprimento do disposto no *caput*, os órgãos e entidades públicas deverão utilizar todos os meios e instrumentos legítimos de que dispuserem, sendo obrigatória a divulgação em sítios oficiais da rede mundial de computadores (internet).

§ 3º Os sítios de que trata o § 2º deverão, na forma de regulamento, atender, entre outros, aos seguintes requisitos:

I – conter ferramenta de pesquisa de conteúdo que permita o acesso à informação de forma objetiva, transparente, clara e em linguagem de fácil compreensão;

II – possibilitar a gravação de relatórios em diversos formatos eletrônicos, inclusive abertos e não proprietários, tais como planilhas e texto, de modo a facilitar a análise das informações;

III – possibilitar o acesso automatizado por sistemas externos em formatos abertos, estruturados e legíveis por máquina;

IV – divulgar em detalhes os formatos utilizados para estruturação da informação;
V – garantir a autenticidade e a integridade das informações disponíveis para acesso;
VI – manter atualizadas as informações disponíveis para acesso;
VII – indicar local e instruções que permitam ao interessado comunicar-se, por via eletrônica ou telefônica, com o órgão ou entidade detentora do sítio; e
VIII – adotar as medidas necessárias para garantir a acessibilidade de conteúdo para pessoas com deficiência, nos termos do art. 17 da Lei n. 10.098, de 19 de dezembro de 2000, e do art. 9º da Convenção sobre os Direitos das Pessoas com Deficiência, aprovada pelo Decreto Legislativo n. 186, de 9 de julho de 2008.

§ 4º Os Municípios com população de até 10.000 (dez mil) habitantes ficam dispensados da divulgação obrigatória na internet a que se refere o § 2º, mantida a obrigatoriedade de divulgação, em tempo real, de informações relativas à execução orçamentária e financeira, nos critérios e prazos previstos no art. 73-B da Lei Complementar n. 101, de 4 de maio de 2000 (Lei de Responsabilidade Fiscal).

Art. 9º O acesso a informações públicas será assegurado mediante:

I – criação de serviço de informações ao cidadão, nos órgãos e entidades do poder público, em local com condições apropriadas para:
    a) atender e orientar o público quanto ao acesso a informações;
    b) informar sobre a tramitação de documentos nas suas respectivas unidades;
    c) protocolizar documentos e requerimentos de acesso a informações; e

II – realização de audiências ou consultas públicas, incentivo à participação popular ou a outras formas de divulgação.

CAPÍTULO III
DO PROCEDIMENTO DE ACESSO À INFORMAÇÃO

Seção I

Do Pedido de Acesso

Art. 10. Qualquer interessado poderá apresentar pedido de acesso a informações aos órgãos e entidades referidos no art. 1º desta Lei, por qualquer meio legítimo, devendo o pedido conter a identificação do requerente e a especificação da informação requerida.

§ 1º Para o acesso a informações de interesse público, a identificação do requerente não pode conter exigências que inviabilizem a solicitação.

§ 2º Os órgãos e entidades do poder público devem viabilizar alternativa de encaminhamento de pedidos de acesso por meio de seus sítios oficiais na internet.

§ 3º São vedadas quaisquer exigências relativas aos motivos determinantes da solicitação de informações de interesse público.

Art. 11. O órgão ou entidade pública deverá autorizar ou conceder o acesso imediato à informação disponível.

§ 1º Não sendo possível conceder o acesso imediato, na forma disposta no *caput*, o órgão ou entidade que receber o pedido deverá, em prazo não superior a 20 (vinte) dias:

I – comunicar a data, local e modo para se realizar a consulta, efetuar a reprodução ou obter a certidão;

II – indicar as razões de fato ou de direito da recusa, total ou parcial, do acesso pretendido; ou

III – comunicar que não possui a informação, indicar, se for do seu conhecimento, o órgão ou a entidade que a detém, ou, ainda, remeter o requerimento a esse órgão ou entidade, cientificando o interessado da remessa de seu pedido de informação.

§ 2º O prazo referido no § 1º poderá ser prorrogado por mais 10 (dez) dias, mediante justificativa expressa, da qual será cientificado o requerente.

§ 3º Sem prejuízo da segurança e da proteção das informações e do cumprimento da legislação aplicável, o órgão ou entidade poderá oferecer meios para que o próprio requerente possa pesquisar a informação de que necessitar.

§ 4º Quando não for autorizado o acesso por se tratar de informação total ou parcialmente sigilosa, o requerente deverá ser informado sobre a possibilidade de recurso, prazos e condições para sua interposição, devendo, ainda, ser-lhe indicada a autoridade competente para sua apreciação.

§ 5º A informação armazenada em formato digital será fornecida nesse formato, caso haja anuência do requerente.

§ 6º Caso a informação solicitada esteja disponível ao público em formato impresso, eletrônico ou em qualquer outro meio de acesso universal, serão informados ao requerente, por escrito, o lugar e a forma pela qual se poderá consultar, obter ou reproduzir a referida informação, procedimento esse que desonerará o órgão ou entidade pública da obrigação de seu fornecimento direto, salvo se o requerente declarar não dispor de meios para realizar por si mesmo tais procedimentos.

Art. 12. O serviço de busca e fornecimento da informação é gratuito, salvo nas hipóteses de reprodução de documentos pelo órgão ou entidade pública consultada, situação em que poderá ser cobrado exclusivamente o valor necessário ao ressarcimento do custo dos serviços e dos materiais utilizados.

Parágrafo único. Estará isento de ressarcir os custos previstos no *caput* todo aquele cuja situação econômica não lhe permita fazê-lo sem prejuízo do sustento próprio ou da família, declarada nos termos da Lei n. 7.115, de 29 de agosto de 1983.

Art. 13. Quando se tratar de acesso à informação contida em documento cuja manipulação possa prejudicar sua integridade, deverá ser oferecida a consulta de cópia, com certificação de que esta confere com o original.

Parágrafo único. Na impossibilidade de obtenção de cópias, o interessado poderá solicitar que, a suas expensas e sob supervisão de servidor público, a reprodução seja feita por outro meio que não ponha em risco a conservação do documento original.

Art. 14. É direito do requerente obter o inteiro teor de decisão de negativa de acesso, por certidão ou cópia.

Seção II
Dos Recursos

Art. 15. No caso de indeferimento de acesso a informações ou às razões da negativa do acesso, poderá o interessado interpor recurso contra a decisão no prazo de 10 (dez) dias a contar da sua ciência.

Parágrafo único. O recurso será dirigido à autoridade hierarquicamente superior à que exarou a decisão impugnada, que deverá se manifestar no prazo de 5 (cinco) dias.

Art. 16. Negado o acesso à informação pelos órgãos ou entidades do Poder Executivo Federal, o requerente poderá recorrer à Controladoria-Geral da União, que deliberará no prazo de 5 (cinco) dias se:

I – o acesso à informação não classificada como sigilosa for negado;

II – a decisão de negativa de acesso à informação total ou parcialmente classificada como sigilosa não indicar a autoridade classificadora ou a hierarquicamente superior a quem possa ser dirigido pedido de acesso ou desclassificação;

III – os procedimentos de classificação de informação sigilosa estabelecidos nesta Lei não tiverem sido observados; e

IV – estiverem sendo descumpridos prazos ou outros procedimentos previstos nesta Lei.

§ 1º O recurso previsto neste artigo somente poderá ser dirigido à Controladoria-Geral da União depois de submetido à apreciação de pelo menos uma autoridade hierarquicamente superior àquela que exarou a decisão impugnada, que deliberará no prazo de 5 (cinco) dias.

§ 2º Verificada a procedência das razões do recurso, a Controladoria-Geral da União determinará ao órgão ou entidade que adote as providências necessárias para dar cumprimento ao disposto nesta Lei.

§ 3º Negado o acesso à informação pela Controladoria-Geral da União, poderá ser interposto recurso à Comissão Mista de Reavaliação de Informações, a que se refere o art. 35.

Art. 17. No caso de indeferimento de pedido de desclassificação de informação protocolado em órgão da administração pública federal, poderá o requerente recorrer ao Ministro de Estado da área, sem prejuízo das competências da Comissão Mista de Reavaliação de Informações, previstas no art. 35, e do disposto no art. 16.

§ 1º O recurso previsto neste artigo somente poderá ser dirigido às autoridades mencionadas depois de submetido à apreciação de pelo menos uma autoridade hierarquicamente superior à autoridade que exarou a decisão impugnada e, no caso das Forças Armadas, ao respectivo Comando.

§ 2º Indeferido o recurso previsto no *caput* que tenha como objeto a desclassificação de informação secreta ou ultrassecreta, caberá recurso à Comissão Mista de Reavaliação de Informações prevista no art. 35.

Art. 18. Os procedimentos de revisão de decisões denegatórias proferidas no recurso previsto no art. 15 e de revisão de classificação de documentos sigilosos serão objeto de regulamentação própria dos Poderes Legislativo e Judiciário e do Ministério Público, em seus respectivos âmbitos, assegurado ao solicitante, em qualquer caso, o direito de ser informado sobre o andamento de seu pedido.

Art. 19. (VETADO).

§ 1º (VETADO).

§ 2º Os órgãos do Poder Judiciário e do Ministério Público informarão ao Conselho Nacional de Justiça e ao Conselho Nacional do Ministério Público, respectivamente, as decisões que, em grau de recurso, negarem acesso a informações de interesse público.

Art. 20. Aplica-se subsidiariamente, no que couber, a Lei n. 9.784, de 29 de janeiro de 1999, ao procedimento de que trata este Capítulo.

CAPÍTULO IV
DAS RESTRIÇÕES DE ACESSO À INFORMAÇÃO

Seção I
Disposições Gerais

Art. 21. Não poderá ser negado acesso à informação necessária à tutela judicial ou administrativa de direitos fundamentais.

Parágrafo único. As informações ou documentos que versem sobre condutas que impliquem violação dos direitos humanos praticada por agentes públicos ou a mando de autoridades públicas não poderão ser objeto de restrição de acesso.

Art. 22. O disposto nesta Lei não exclui as demais hipóteses legais de sigilo e de segredo de justiça nem as hipóteses de segredo industrial decorrentes da exploração direta de atividade econômica pelo Estado ou por pessoa física ou entidade privada que tenha qualquer vínculo com o poder público.

Seção II
Da Classificação da Informação quanto
ao Grau e Prazos de Sigilo

Art. 23. São consideradas imprescindíveis à segurança da sociedade ou do Estado e, portanto, passíveis de classificação as informações cuja divulgação ou acesso irrestrito possam:

I – pôr em risco a defesa e a soberania nacionais ou a integridade do território nacional;

II – prejudicar ou pôr em risco a condução de negociações ou as relações internacionais do País, ou as que tenham sido fornecidas em caráter sigiloso por outros Estados e organismos internacionais;

III – pôr em risco a vida, a segurança ou a saúde da população;

IV – oferecer elevado risco à estabilidade financeira, econômica ou monetária do País;

V – prejudicar ou causar risco a planos ou operações estratégicos das Forças Armadas;

VI – prejudicar ou causar risco a projetos de pesquisa e desenvolvimento científico ou tecnológico, assim como a sistemas, bens, instalações ou áreas de interesse estratégico nacional;

VII – pôr em risco a segurança de instituições ou de altas autoridades nacionais ou estrangeiras e seus familiares; ou

VIII – comprometer atividades de inteligência, bem como de investigação ou fiscalização em andamento, relacionadas com a prevenção ou repressão de infrações.

Art. 24. A informação em poder dos órgãos e entidades públicas, observado o seu teor e em razão de sua imprescindibilidade à segurança da sociedade ou do Estado, poderá ser classificada como ultrassecreta, secreta ou reservada.

§ 1º Os prazos máximos de restrição de acesso à informação, conforme a classificação prevista no *caput*, vigoram a partir da data de sua produção e são os seguintes:

I – ultrassecreta: 25 (vinte e cinco) anos;
II – secreta: 15 (quinze) anos; e
III – reservada: 5 (cinco) anos.

§ 2º As informações que puderem colocar em risco a segurança do Presidente e Vice-Presidente da República e respectivos cônjuges e filhos(as) serão classificadas como reservadas e ficarão sob sigilo até o término do mandato em exercício ou do último mandato, em caso de reeleição.

§ 3º Alternativamente aos prazos previstos no § 1º, poderá ser estabelecida como termo final de restrição de acesso a ocorrência de determinado evento, desde que este ocorra antes do transcurso do prazo máximo de classificação.

§ 4º Transcorrido o prazo de classificação ou consumado o evento que defina o seu termo final, a informação tornar-se-á, automaticamente, de acesso público.

§ 5º Para a classificação da informação em determinado grau de sigilo, deverá ser observado o interesse público da informação e utilizado o critério menos restritivo possível, considerados:

I – a gravidade do risco ou dano à segurança da sociedade e do Estado; e
II – o prazo máximo de restrição de acesso ou o evento que defina seu termo final.

Seção III
Da Proteção e do Controle de Informações Sigilosas

Art. 25. É dever do Estado controlar o acesso e a divulgação de informações sigilosas produzidas por seus órgãos e entidades, assegurando a sua proteção. (Regulamento)

§ 1º O acesso, a divulgação e o tratamento de informação classificada como sigilosa ficarão restritos a pessoas que tenham necessidade de conhecê-la e que sejam devidamente credenciadas na forma do regulamento, sem prejuízo das atribuições dos agentes públicos autorizados por lei.

§ 2º O acesso à informação classificada como sigilosa cria a obrigação para aquele que a obteve de resguardar o sigilo.

§ 3º Regulamento disporá sobre procedimentos e medidas a serem adotados para o tratamento de informação sigilosa, de modo a protegê-la contra perda, alteração indevida, acesso, transmissão e divulgação não autorizados.

Art. 26. As autoridades públicas adotarão as providências necessárias para que o pessoal a elas subordinado hierarquicamente conheça as normas e observe as medidas e procedimentos de segurança para tratamento de informações sigilosas.

Parágrafo único. A pessoa física ou entidade privada que, em razão de qualquer vínculo com o poder público, executar atividades de tratamento de informações sigilosas adotará as providências necessárias para que seus empregados, prepostos ou representantes observem as medidas e procedimentos de segurança das informações resultantes da aplicação desta Lei.

Seção IV
Dos Procedimentos de Classificação, Reclassificação
e Desclassificação

Art. 27. A classificação do sigilo de informações no âmbito da administração pública federal é de competência: (Regulamento)

I – no grau de ultrassecreto, das seguintes autoridades:
    a) Presidente da República;
    b) Vice-Presidente da República;

c) Ministros de Estado e autoridades com as mesmas prerrogativas;
d) Comandantes da Marinha, do Exército e da Aeronáutica; e
e) Chefes de Missões Diplomáticas e Consulares permanentes no exterior;

II – no grau de secreto, das autoridades referidas no inciso I, dos titulares de autarquias, fundações ou empresas públicas e sociedades de economia mista; e

III – no grau de reservado, das autoridades referidas nos incisos I e II e das que exerçam funções de direção, comando ou chefia, nível DAS 101.5, ou superior, do Grupo-Direção e Assessoramento Superiores, ou de hierarquia equivalente, de acordo com regulamentação específica de cada órgão ou entidade, observado o disposto nesta Lei.

§ 1º A competência prevista nos incisos I e II, no que se refere à classificação como ultrassecreta e secreta, poderá ser delegada pela autoridade responsável a agente público, inclusive em missão no exterior, vedada a subdelegação.

§ 2º A classificação de informação no grau de sigilo ultrassecreto pelas autoridades previstas nas alíneas "d" e "e" do inciso I deverá ser ratificada pelos respectivos Ministros de Estado, no prazo previsto em regulamento.

§ 3º A autoridade ou outro agente público que classificar informação como ultrassecreta deverá encaminhar a decisão de que trata o art. 28 à Comissão Mista de Reavaliação de Informações, a que se refere o art. 35, no prazo previsto em regulamento.

Art. 28. A classificação de informação em qualquer grau de sigilo deverá ser formalizada em decisão que conterá, no mínimo, os seguintes elementos:

I – assunto sobre o qual versa a informação;

II – fundamento da classificação, observados os critérios estabelecidos no art. 24;

III – indicação do prazo de sigilo, contado em anos, meses ou dias, ou do evento que defina o seu termo final, conforme limites previstos no art. 24; e

IV – identificação da autoridade que a classificou.

Parágrafo único. A decisão referida no *caput* será mantida no mesmo grau de sigilo da informação classificada.

Art. 29. A classificação das informações será reavaliada pela autoridade classificadora ou por autoridade hierarquicamente superior, mediante provocação ou de ofício, nos termos e prazos previstos em regulamento, com vistas à sua desclassificação ou à redução do prazo de sigilo, observado o disposto no art. 24. (Regulamento)

§ 1º O regulamento a que se refere o *caput* deverá considerar as peculiaridades das informações produzidas no exterior por autoridades ou agentes públicos.

§ 2º Na reavaliação a que se refere o *caput*, deverão ser examinadas a permanência dos motivos do sigilo e a possibilidade de danos decorrentes do acesso ou da divulgação da informação.

§ 3º Na hipótese de redução do prazo de sigilo da informação, o novo prazo de restrição manterá como termo inicial a data da sua produção.

Art. 30. A autoridade máxima de cada órgão ou entidade publicará, anualmente, em sítio à disposição na internet e destinado à veiculação de dados e informações administrativas, nos termos de regulamento:

I – rol das informações que tenham sido desclassificadas nos últimos 12 (doze) meses;

II – rol de documentos classificados em cada grau de sigilo, com identificação para referência futura;

III – relatório estatístico contendo a quantidade de pedidos de informação recebidos, atendidos e indeferidos, bem como informações genéricas sobre os solicitantes.

§ 1° Os órgãos e entidades deverão manter exemplar da publicação prevista no *caput* para consulta pública em suas sedes.

§ 2° Os órgãos e entidades manterão extrato com a lista de informações classificadas, acompanhadas da data, do grau de sigilo e dos fundamentos da classificação.

Seção V
Das Informações Pessoais

Art. 31. O tratamento das informações pessoais deve ser feito de forma transparente e com respeito à intimidade, vida privada, honra e imagem das pessoas, bem como às liberdades e garantias individuais.

§ 1° As informações pessoais, a que se refere este artigo, relativas à intimidade, vida privada, honra e imagem:

I - terão seu acesso restrito, independentemente de classificação de sigilo e pelo prazo máximo de 100 (cem) anos a contar da sua data de produção, a agentes públicos legalmente autorizados e à pessoa a que elas se referirem; e

II - poderão ter autorizada sua divulgação ou acesso por terceiros diante de previsão legal ou consentimento expresso da pessoa a que elas se referirem.

§ 2° Aquele que obtiver acesso às informações de que trata este artigo será responsabilizado por seu uso indevido.

§ 3° O consentimento referido no inciso II do § 1° não será exigido quando as informações forem necessárias:

I - à prevenção e diagnóstico médico, quando a pessoa estiver física ou legalmente incapaz, e para utilização única e exclusivamente para o tratamento médico;

II - à realização de estatísticas e pesquisas científicas de evidente interesse público ou geral, previstos em lei, sendo vedada a identificação da pessoa a que as informações se referirem;

III - ao cumprimento de ordem judicial;

IV – à defesa de direitos humanos; ou
V – à proteção do interesse público e geral preponderante.

§ 4° A restrição de acesso à informação relativa à vida privada, honra e imagem de pessoa não poderá ser invocada com o intuito de prejudicar processo de apuração de irregularidades em que o titular das informações estiver envolvido, bem como em ações voltadas para a recuperação de fatos históricos de maior relevância.

§ 5° Regulamento disporá sobre os procedimentos para tratamento de informação pessoal.

CAPÍTULO V
DAS RESPONSABILIDADES

Art. 32. Constituem condutas ilícitas que ensejam responsabilidade do agente público ou militar:

I – recusar-se a fornecer informação requerida nos termos desta Lei, retardar deliberadamente o seu fornecimento ou fornecê-la intencionalmente de forma incorreta, incompleta ou imprecisa;

II – utilizar indevidamente, bem como subtrair, destruir, inutilizar, desfigurar, alterar ou ocultar, total ou parcialmente, informação que se encontre sob sua guarda ou a que tenha acesso ou conhecimento em razão do exercício das atribuições de cargo, emprego ou função pública;

III – agir com dolo ou má-fé na análise das solicitações de acesso à informação;

IV – divulgar ou permitir a divulgação ou acessar ou permitir acesso indevido à informação sigilosa ou informação pessoal;

V – impor sigilo à informação para obter proveito pessoal ou de terceiro, ou para fins de ocultação de ato ilegal cometido por si ou por outrem;

VI – ocultar da revisão de autoridade superior competente informação sigilosa para beneficiar a si ou a outrem, ou em prejuízo de terceiros; e

VII – destruir ou subtrair, por qualquer meio, documentos concernentes a possíveis violações de direitos humanos por parte de agentes do Estado.

§ 1º Atendido o princípio do contraditório, da ampla defesa e do devido processo legal, as condutas descritas no *caput* serão consideradas:

I – para fins dos regulamentos disciplinares das Forças Armadas, transgressões militares médias ou graves, segundo os critérios neles estabelecidos, desde que não tipificadas em lei como crime ou contravenção penal; ou

II – para fins do disposto na Lei n. 8.112, de 11 de dezembro de 1990, e suas alterações, infrações administrativas, que deverão ser apenadas, no mínimo, com suspensão, segundo os critérios nela estabelecidos.

§ 2º Pelas condutas descritas no *caput*, poderá o militar ou agente público responder, também, por improbidade administrativa, conforme o disposto nas Leis n. 1.079, de 10 de abril de 1950, e 8.429, de 2 de junho de 1992.

Art. 33. A pessoa física ou entidade privada que detiver informações em virtude de vínculo de qualquer natureza com o poder público e deixar de observar o disposto nesta Lei estará sujeita às seguintes sanções:

I – advertência;

II – multa;

III – rescisão do vínculo com o poder público;

IV – suspensão temporária de participar em licitação e impedimento de contratar com a administração pública por prazo não superior a 2 (dois) anos; e

V – declaração de inidoneidade para licitar ou contratar com a administração pública, até que seja promovida a reabilitação perante a própria autoridade que aplicou a penalidade.

§ 1º As sanções previstas nos incisos I, III e IV poderão ser aplicadas juntamente com a do inciso II, assegurado o direito de defesa do interessado, no respectivo processo, no prazo de 10 (dez) dias.

§ 2º A reabilitação referida no inciso V será autorizada somente quando o interessado efetivar o ressarcimento ao órgão ou entidade dos prejuízos resultantes e após decorrido o prazo da sanção aplicada com base no inciso IV.

§ 3º A aplicação da sanção prevista no inciso V é de competência exclusiva da autoridade máxima do órgão ou entidade pública, facultada a defesa do interessado, no respectivo processo, no prazo de 10 (dez) dias da abertura de vista.

Art. 34. Os órgãos e entidades públicas respondem diretamente pelos danos causados em decorrência da divulgação não autorizada ou utilização indevida de informações sigilosas ou informações pessoais, cabendo a apuração de responsabilidade funcional nos casos de dolo ou culpa, assegurado o respectivo direito de regresso.

Parágrafo único. O disposto neste artigo aplica-se à pessoa física ou entidade privada que, em virtude de vínculo de qualquer natureza com órgãos ou entidades, tenha acesso a informação sigilosa ou pessoal e a submeta a tratamento indevido.

CAPÍTULO VI
DISPOSIÇÕES FINAIS E TRANSITÓRIAS

Art. 35. (VETADO).

§ 1º É instituída a Comissão Mista de Reavaliação de Informações, que decidirá, no âmbito da administração pública federal, sobre o tratamento e a classificação de informações sigilosas e terá competência para:

I - requisitar da autoridade que classificar informação como ultrassecreta e secreta esclarecimento ou conteúdo, parcial ou integral da informação;

II - rever a classificação de informações ultrassecretas ou secretas, de ofício ou mediante provocação de pessoa interessada, observado o disposto no art. 7º e demais dispositivos desta Lei; e

III - prorrogar o prazo de sigilo de informação classificada como ultrassecreta, sempre por prazo determinado, enquanto o seu acesso ou divulgação puder ocasionar ameaça externa à soberania nacional ou à integridade do território nacional ou grave risco às relações internacionais do País, observado o prazo previsto no § 1º do art. 24.

§ 2º O prazo referido no inciso III é limitado a uma única renovação.

§ 3º A revisão de ofício a que se refere o inciso II do § 1º deverá ocorrer, no máximo, a cada 4 (quatro) anos, após a reavaliação prevista no art. 39, quando se tratar de documentos ultrassecretos ou secretos.

§ 4º A não deliberação sobre a revisão pela Comissão Mista de Reavaliação de Informações nos prazos previstos no § 3º implicará a desclassificação automática das informações.

§ 5º Regulamento disporá sobre a composição, organização e funcionamento da Comissão Mista de Reavaliação de

Informações, observado o mandato de 2 (dois) anos para seus integrantes e demais disposições desta Lei. (Regulamento)

Art. 36. O tratamento de informação sigilosa resultante de tratados, acordos ou atos internacionais atenderá às normas e recomendações constantes desses instrumentos.

Art. 37. É instituído, no âmbito do Gabinete de Segurança Institucional da Presidência da República, o Núcleo de Segurança e Credenciamento (NSC), que tem por objetivos: (Regulamento)

I – promover e propor a regulamentação do credenciamento de segurança de pessoas físicas, empresas, órgãos e entidades para tratamento de informações sigilosas; e

II – garantir a segurança de informações sigilosas, inclusive aquelas provenientes de países ou organizações internacionais com os quais a República Federativa do Brasil tenha firmado tratado, acordo, contrato ou qualquer outro ato internacional, sem prejuízo das atribuições do Ministério das Relações Exteriores e dos demais órgãos competentes.

Parágrafo único. Regulamento disporá sobre a composição, organização e funcionamento do NSC.

Art. 38. Aplica-se, no que couber, a Lei n. 9.507, de 12 de novembro de 1997, em relação à informação de pessoa, física ou jurídica, constante de registro ou banco de dados de entidades governamentais ou de caráter público.

Art. 39. Os órgãos e entidades públicas deverão proceder à reavaliação das informações classificadas como ultrassecretas e secretas no prazo máximo de 2 (dois) anos, contado do termo inicial de vigência desta Lei.

§ 1º A restrição de acesso a informações, em razão da reavaliação prevista no *caput*, deverá observar os prazos e condições previstos nesta Lei.

§ 2º No âmbito da administração pública federal, a reavaliação prevista no *caput* poderá ser revista, a qualquer tempo, pela

Comissão Mista de Reavaliação de Informações, observados os termos desta Lei.

§ 3º Enquanto não transcorrido o prazo de reavaliação previsto no *caput*, será mantida a classificação da informação nos termos da legislação precedente.

§ 4º As informações classificadas como secretas e ultrassecretas não reavaliadas no prazo previsto no *caput* serão consideradas, automaticamente, de acesso público.

Art. 40. No prazo de 60 (sessenta) dias, a contar da vigência desta Lei, o dirigente máximo de cada órgão ou entidade da administração pública federal direta e indireta designará autoridade que lhe seja diretamente subordinada para, no âmbito do respectivo órgão ou entidade, exercer as seguintes atribuições:

I - assegurar o cumprimento das normas relativas ao acesso a informação, de forma eficiente e adequada aos objetivos desta Lei;

II - monitorar a implementação do disposto nesta Lei e apresentar relatórios periódicos sobre o seu cumprimento;

III - recomendar as medidas indispensáveis à implementação e ao aperfeiçoamento das normas e procedimentos necessários ao correto cumprimento do disposto nesta Lei; e

IV - orientar as respectivas unidades no que se refere ao cumprimento do disposto nesta Lei e seus regulamentos.

Art. 41. O Poder Executivo Federal designará órgão da administração pública federal responsável:

I - pela promoção de campanha de abrangência nacional de fomento à cultura da transparência na administração pública e conscientização do direito fundamental de acesso à informação;

II - pelo treinamento de agentes públicos no que se refere ao desenvolvimento de práticas relacionadas à transparência na administração pública;

III - pelo monitoramento da aplicação da lei no âmbito da administração pública federal, concentrando e consolidando a publicação de informações estatísticas relacionadas no art. 30;

IV - pelo encaminhamento ao Congresso Nacional de relatório anual com informações atinentes à implementação desta Lei.

Art. 42. O Poder Executivo regulamentará o disposto nesta Lei no prazo de 180 (cento e oitenta) dias a contar da data de sua publicação.

Art. 43. O inciso VI do art. 116 da Lei n. 8.112, de 11 de dezembro de 1990, passa a vigorar com a seguinte redação:

"Art. 116. ....

....

VI - levar as irregularidades de que tiver ciência em razão do cargo ao conhecimento da autoridade superior ou, quando houver suspeita de envolvimento desta, ao conhecimento de outra autoridade competente para apuração;

...." (NR)

Art. 44. O Capítulo IV do Título IV da Lei n. 8.112, de 1990, passa a vigorar acrescido do seguinte art. 126-A:

"Art. 126-A. Nenhum servidor poderá ser responsabilizado civil, penal ou administrativamente por dar ciência à autoridade superior ou, quando houver suspeita de envolvimento desta, a outra autoridade competente para apuração de informação concernente à prática de crimes ou improbidade de que tenha conhecimento, ainda que em decorrência do exercício de cargo, emprego ou função pública."

Art. 45. Cabe aos Estados, ao Distrito Federal e aos Municípios, em legislação própria, obedecidas as normas gerais estabelecidas nesta Lei, definir regras específicas, especialmente quanto ao disposto no art. 9º e na Seção II do Capítulo III.

Art. 46. Revogam-se:

I – a Lei n. 11.111, de 5 de maio de 2005; e

II – os arts. 22 a 24 da Lei n. 8.159, de 8 de janeiro de 1991.

Art. 47. Esta Lei entra em vigor 190 (cento e oitenta) dias após a data de sua publicação.

Brasília, 18 de novembro de 2011; 190° da Independência e 123° da República.

DILMA ROUSSEFF
José Eduardo Cardoso
Celso Luiz Nunes Amorim
Antonio de Aguiar Patriota
Miriam Belchior
Paulo Bernardo Silva
Gleisi Hoffmann
José Elito Carvalho Siqueira
Helena Chagas
Luís Inácio Lucena Adams
Jorge Hage Sobrinho
Maria do Rosário Nunes

Respostas

Capítulo 1

Questões para revisão

1.
» A implementação de um sistema de aquisição, controle e registro de dados e informações pode ser estabelecida utilizando-se a ferramenta da qualidade 5W2H. Os requisitos que o sistema deve preencher são: confiabilidade, autenticidade, rastreabilidade e segurança.

» A implementação de um sistema de aquisição, controle e registro de dados e informações pode ser estabelecida em função da necessidade organizacional. Assim, uma empresa pode se valer ou não de meios informacionais ou físicos para aparelhar tal sistema. Os requisitos que o sistema deve preencher são: confiabilidade, autenticidade, rastreabilidade e segurança.

2.
» O texto preparado pelo aluno deve conter os seguintes níveis e possíveis exemplos:
- públicas – peças publicitárias ou placas de informação ao público;
- internos – escala de trabalho no setor operacional ou horário de expediente de setores internos;

- restritas – cadastros de devedores ou cadastro de clientes importantes;
- sigilosas – lista de fornecedores problemáticos ou lista de clientes com preços diferenciados ou condições especiais de aquisição;
- secretas – fusão com outra empresa em curto prazo ou possibilidade de falência em curto prazo.

3. a
4. b
5. a

Capítulo 2

Questões para revisão

1. d
2. a
3. b
4. Os passos para a resolução de problemas são:
   1. determinação correta do problema;
   2. desenvolvimento de alternativas de solução;
   3. análise das alternativas;
   4. eleição da melhor alternativa;
   5. implementação da alternativa.

Enquanto o primeiro passo visa investigar e estabelecer de modo indubitável o problema, para além dos seus sintomas, os dois seguintes têm o objetivo de desenvolver e verificar a viabilidade de soluções. No quarto passo, analisadas as possibilidades de solução, é eleita a melhor (mais viável) e no último passo, executa-se a solução escolhida para, enfim, solucionar-se o problema.

5. Uma solução possível seria:
   1. reconhecer fontes de desperdício (gotejamento nas torneiras);
   2. desenvolver alternativa de solução (trocar as torneiras ou ajustá-las);
   3. analisar as alternativas (qual é a mais cara, para qual estamos preparados etc.);
   4. eleger a melhor alternativa (ajustar as torneiras; porque é fácil, rápido, imediato e resolve o problema);
   5. ajustar as torneiras.

Capítulo 3

Questões para revisão

1. c
2. a
3. d
4. Documentos como a Comunicação de Acidente de Trabalho (CAT) ou comprovantes de depósito do Fundo de Garantia do Tempo de Serviço (FGTS) não são de interesse somente da empresa, mas também do trabalhador; no caso de dúvidas, a organização, de posse desses documentos, pode comprovar sua idoneidade.
5. A arquivística e a gestão documental organizam e preservam documentos para que o acesso aos dados e às informações que eles portam seja fácil, rápido e eficiente.

Capítulo 4

Questões para revisão

1. c
2. d
3. c

4. "As bibliotecas são formadas essencialmente por documentos impressos, de tiragem múltipla. Já os documentos de arquivo se constituem a partir das atividades desempenhadas por quem o produz; ao contrário dos livros, são impressos em exemplar único ou em quantidade reduzida a fim de atender ao número de destinatários envolvidos. E os museus são instituições de interesse público, criados com a finalidade de conservar, estudar e colocar à disposição do público conjuntos de peças e objetos de valor cultural" (Paes, 2004, p. 16).

5. O princípio fundamental da arquivística é o *respect des fonds* (princípio da proveniência), isto é, "deixar agrupados, sem misturar a outros, os arquivos (documentos de qualquer natureza) provenientes de uma administração, de um estabelecimento ou de uma pessoa física ou jurídica determinada: o que se chama de fundo de arquivo dessa administração, desse estabelecimento ou dessa pessoa"[1]. Na prática, significa não misturar documentos de fundos diferentes.

Capítulo 5

1. b
2. b
3. a
4. A avaliação é o elemento vital de um programa de gestão de documentos, pois permite racionalizar o fluxo documental nas fases corrente e intermediária, facilitando a constituição de arquivos permanentes e viabilizando o acesso à informação.

   O processo de avaliação segue procedimentos que visam alcançar resultados mais amplos, como a elaboração de uma tabela de

....
1   BELLOTTO, H. L. **Arquivos permanentes**: tratamento documental. 2. ed. rev. e ampl. Rio de Janeiro: Ed. FGV, 2004. p. 130.

temporalidade. Esta compreende o registro esquemático do ciclo vital dos documentos de um órgão. É elaborada por uma Comissão de Avaliação de Documentos após a análise da documentação e deve ser aprovada pela autoridade competente.

Para a elaboração dessa tabela, é necessário considerar: a) o diagnóstico da situação dos arquivos e o levantamento da produção documental; b) o código de classificação de documentos do arquivo; c) o levantamento dos prazos de guarda; e d) a proposta de destinação.

A tabela estabelece o prazo de guarda dos documentos no arquivo corrente, sua transferência ao arquivo intermediário e os critérios para microfilmagem e/ou digitalização, eliminação ou recolhimento ao arquivo permanente.

5. A adoção de algumas medidas de controle da ambientação para o acervo é vital no processo de preservação. Por exemplo:
» controle da iluminação natural e artificial;
» controle da temperatura e da umidade relativa do ar;
» programa de higienização, acondicionamento e manuseio correto dos documentos.

Capítulo 6

1. c
2. e
3. e
4. A implementação da série de normas ISO 30300 contribui para que as organizações alcancem os objetivos traçados por outras normas de sistemas, como a ISO 9001, além de propiciar a padronização, o controle e a funcionalidade do gerenciamento eletrônico de documentos.

5. De acordo com a Revista (2012, p. 19), essas características são as seguintes:

   » Organizações que implementaram outra norma de sistemas de gestão (9001, 14001, 27001, 50001 etc.). A complementaridade e a implementação integrada permitem um menor esforço, e com elas são obtidos importantes benefícios na gestão da documentação do sistema de gestão já implementado.

   » Organizações que formalizaram o seu sistema de gestão documental seguindo as boas práticas da ISO 15489. Os controles e os processos documentais estão operacionais, pelo que a implementação da 30301 será centrada na elaboração da documentação, na comunicação e na implementação dos processos de auditoria, revisão e melhoria contínua.

   » Organizações em que a informação e a documentação sejam o principal elemento de sua atividade. Um exemplo claro são os organismos reguladores, que exercem a sua atividade recebendo informações dos seus regulados e do mercado no qual atuam, analisando-as e agindo em função disso. Para essas organizações, a informação é mais do que estratégica, constituindo a matéria-prima com que trabalham.

   » Organizações em que o processo de adaptação ao contexto digital exige uma reformulação da gestão da informação e dos documentos. A metodologia da ISO 30301 permite abordar esses processos com a garantia de não se estar "inventando a roda".

Sobre os autores

Paulo Eduardo Sobreira Moraes
É graduado em Engenharia Química pela Universidade Estadual de Maringá (UEM), licenciado em Administração pela Universidade Tecnológica Federal do Paraná (UTFPR), especialista em Metodologia das Ciências – com habilitação ao Magistério Superior – pela Faculdade de Ciências Humanas e Sociais de Curitiba e em Engenharia de Segurança do Trabalho pela Pontifícia Universidade Católica do Paraná (PUCPR). É mestre em Tecnologia pela UTFPR e doutor em Engenharia Florestal pela Universidade Federal do Paraná (UFPR). Exerce a função de professor universitário desde 1996 e atualmente trabalha na UFPR em cursos superiores de tecnologia. Desde 2001, atua em cursos de graduação da área secretarial e é um entusiasta do secretariado como ética (práxis) e como ciência (teoria de cogestão organizacional). Cursa licenciatura em Pedagogia no Centro Universitário Internacional Uninter.

Vanderleia Stece de Oliveira
É secretária executiva formada pela Faculdade Internacional de Curitiba (Facinter – Grupo Uninter), especialista em Administração Estratégica e Gestão da Qualidade pelo Instituto Brasileiro de Pós-Graduação e Extensão (Ibpex) e mestre em Educação pela Universidade Tuiuti do Paraná (UTP). Foi secretária executiva de diretoria durante nove anos e, em 2005, ingressou na vida

acadêmica como docente nos cursos técnicos de Secretariado. Em 2010, assumiu a coordenação do curso de bacharelado em Secretariado Executivo Trilíngue do Centro Universitário Internacional Uninter e, posteriormente, também do curso superior de Tecnologia em Secretariado na modalidade de educação a distância (EaD) e do Bacharelado em Secretariado Executivo Trilíngue. É coautora do livro *Secretariado executivo e relações públicas: uma parceria de sucesso.*

Os papéis utilizados neste livro, certificados por instituições ambientais competentes, são recicláveis, provenientes de fontes renováveis e, portanto, um meio responsável e natural de informação e conhecimento.

FSC
www.fsc.org
MISTO
Papel produzido
a partir de
fontes responsáveis
FSC® C103535

Impressão: Reproset
Março/2020